《蔡博士精典财税系列》

REFORM OPPORTUNITY AND
OPERATION GUIDE OF BUSINESS TAX TO THE VAT

蔡 昌 李梦娟 著

“营改增”契机与操作指南

《蔡博士精典财税系列》

REFORM OPPORTUNITY AND
OPERATION GUIDE OF BUSINESS TAX TO THE VAT

蔡 昌 李梦娟 著

"营改增"契机与操作指南

中国财政经济出版社

图书在版编目（CIP）数据

“营改增”契机与操作指南/蔡昌，李梦娟著. —北京：中国财政经济出版社，2013.5
（蔡博士精典财税系列）
ISBN 978-7-5095-4491-4

Ⅰ.①营… Ⅱ.①蔡… ②李… Ⅲ.①增值税-税收管理-中国-指南 Ⅳ.①F812.424-62

中国版本图书馆CIP数据核字（2013）第092516号

责任编辑：樊清玉　　　　责任校对：王　英
封面设计：郁　佳

中国财政经济出版社 出版
URL：http：//ckfz.cfeph.cn
E-mail：ckfz@cfeph.cn

社址：北京市海淀区阜成路甲28号　邮政编码：100142
营销中心电话：88190406　北京财经书店电话：64033436　84041336
北京财经印刷厂印刷　各地新华书店经销
787×960毫米　16开　9.75印张　150 000字
2013年5月第1版　2013年8月北京第3次印刷
定价：28.00元
ISBN 978-7-5095-4491-4/F·3634
（图书出现印装问题，本社负责调换）
本社质量投诉电话：010-88190744
反盗版举报热线：88190492　88190446

前 言

我国现行税制结构包括流转税、所得税、财产税、行为税等。其中，增值税和营业税是最为重要的两个流转税，在中央和地方财政收入中占有举足轻重的地位。1994 年税制改革时，我国尚处于计划经济向市场经济转轨的初始阶段，由于商品经济不发达以及人们对“商品”概念理解的偏差，市场上流转的“商品”被按照外在属性划分为“货物和劳务”两类，对有形的商品（货物）的流转额按其增值额征收增值税，对无形的商品（劳务或者服务）的流转额全额征收营业税。当时环境下建立起来的流转税制相比原来的产品税制有了很大程度的进步。当时条件下建立的增值税体制对政府筹集财政收入起到了重要作用，成为中国第一大税，奠定了流转税的主体地位，初步建立起中央和地方政府的分税制财政管理体制。

这种税制安排在 20 世纪 90 年代适应了中国当时的国情，为促进国民经济增长和财政收入持续上升作出了巨大贡献。然而，随着经济发展和社会进步，这种增值税和营业税并存的税制结构破坏了税制的公平性，其不合理性日渐突出，在一定程度上已经阻碍了经济社会的进一步发展。

原来建立的生产型增值税的弊端日益显现。由于生产型增值税的抵扣范围小，固定资产、不动产投资等不能进入抵扣范围，严重抑制了固定资产及不动产投资的积极性，抑制了企业技术进步。为了促进投资，降低货物生产和流通环节的增值税纳税人的税收负担，我国在 2009 年实现了从生产型增值税向消费型增值税的转型（但并非彻底转型，不动产投资等还没有纳入抵扣范围）。通过增值税转型改革，明显降低了企业的税收负担。但是，与其他国家相比，增值税的征税范围小、扣税链条不完整等因素仍然使我国企业的税负偏重。与此同时，营业税本身具有道道征收、重复征税的特点也阻碍了服务业的发展。

与其他国家相比，我国现代服务业特别是生产型服务业的发展相对滞后，营业税对我国经济增长的阻碍作用越来越大。

2008 年以来，美国金融危机以及欧洲主权债务危机的升级，严重制约了我国出口贸易的增长。外部需求的减弱使我国经济增长面临巨大的下行压力。为促进经济长期可持续发展，我国政府开始反思长期以来的经济发展模式，并提出了转变经济发展方式、调整经济结构、实现产业转型升级的新的发展思路。

经济发展方式转变需要良好的财税制度的支撑。面对持续的经济下行压力，我国政府利用积极财政政策和稳健的货币政策调控宏观经济运行。由于我国以往积极财政政策主要利用的是增加财政支出扩大投资的政策，过度投资已经造成我国多数产业产能过剩，继续利用扩大投资的政策难以保证宏观调控效果。因此我国由积极财政政策转向结构性减税政策来刺激经济增长，即通过税收政策的调整来促使经济结构转型。

为了促进现代服务业的发展，中国把实现"货物和劳务"一体化征税、扩大增值税的征收范围作为实现结构性减税的一剂良方，希望通过"营改增"改革逐步完善商品劳务环节的扣税链条，消除重复征税，减轻企业负担，促进现代服务业特别是生产型服务业的发展，实现我国产业结构调整和发展方式转型的目标。

"营改增"拉开了我国税制改革的大幕。上海和其他 10 个省市的改革试点表明了"营改增"的减税效果明显。2013 年，"营改增"改革继续向扩大地区试点范围和部分行业全国试点推进。"营改增"已经不仅仅是营业税和增值税两大税制的转换，它所带来的是不同行业税负结构的调整和不同地区之间税源的变化。"营改增"必然会触及地方税收体系的根本，由此倒逼中央和地方两级政府的税收权益重新分配，加快地方税收体系与税收征管制度重构进程。"营改增"已经成为深化新一轮税收制度和财政管理制度改革的诱发器，它将从深层次上推动我国整个财政管理体制的变革与调整。

本书兼顾理论阐述与实务操作，从纳税指南、会计处理、税收筹划、税制布局等多个层面探讨"营改增"的深层问题。本书共分五章，第一章主要从理论角度论述"营改增"的缘起、"营改增"之后行业税负变化、"营改增"试点的市场挤出效应、地区竞争效应、变革诱发效应、经济拉动效应等。第二章主要从税制要素角度介绍“营改增”试点的框架内容和税收政策。第三章主要探讨“营改增”的会计操作实务。第四章主要通过一些典型案例探索如何利用“营改增”的契机做好税收筹划。第五章从宏观角度思考我国税制改革面临的挑战，展望增值税制度、税制结构、财政管理体系的未来改革走向。

本书由蔡昌、李梦娟任主编，拟定写作大纲并总纂定稿。参与本书编写工作的有蔡昌、李梦娟、朱汾丽、刘玢、俞瑶蓉、石玢琰、吴云鹭、邢希洁、谢鹏春、崔贻等。由于编写时间紧，难免存在一些疏漏和不足之处，恳请广大读者批评指正。

编著者

2013 年 5月

目　　录

第一章 “营改增”：历史的契机

一、“营改增”及其政策影响

2012年以来，中央在继续深化落实2008年以来出台的一系列“保增长、扩内需、调结构、惠民生”的政策基础上，结合“十二五”以来经济社会发展现状，就如何更好地做好“结构性减税”工作，确定了包括稳步推进营业税改增值税试点、减轻中小企业尤其是小微企业税负、扩大营业税差额征税试点、实施较低的进口暂定税率等措施在内的结构性减税政策。其中，“营改增”由于涉及的企业数量多，对相关行业的影响大，备受社会各界关注。“营改增”成为我国新一轮税制改革的起点。

（一）“营改增”的政策背景和含义

1954年增值税首先在法国开征，因其有效地解决了传统销售税的重复征税问题，迅速被世界上其他国家采用，成为最主要的流转税税种。目前，世界上已有170多个国家和地区开征了增值税，征税范围几乎覆盖所有货物和劳务。1979年我国引入增值税制度，最初仅在襄樊、上海、柳州等城市的机器、机械等5类货物中试行。1984年，国务院发布《增值税条例（草案）》，在全国范围内对机器、机械、汽车、钢材等12类货物征收增值税。1994年进行税制改革时，我国将增值税征税范围扩大到所有货物和加工修理修配劳务，对其他劳务、无形资产和不动产征收营业税。我国由此进入“增值税”和“营业税”并行的时期。

营业税作为地方政府的主要税种，由于存在着重复征税的情况，越来越不适应现代经济发展。此外，尽管各地营业税收入在整个税收收入中所占的比重有所差别，但一般都占到地方税收收入的1/3以上，成为地方最主要的税收收入来源。同时，由于营业税税基中不扣除提供的应税劳务、无形资产、不动产的成本，营业税本身具有的重复征税特征，对经济发展特别是对服务业发展的阻碍作用也逐渐显现，越来越不适应现代市场经济发展需要。

近年来，国内学者从税制公平角度出发，提出要借鉴其他发达国家的经验，改革营业税制度，实行商品和劳务（服务）的一体化征税。2009年，我国完成了从生产型增值税向消费型增值税的转型，增值税原来存在的重复征税问题逐渐被淡化，一般纳税人的税负降低。因此，营业税本身存在的重复征税问题就显得更加突出，对营业税进一步改革的呼声更加高涨。

2008年世界金融危机发生以来，我国经济面临着严峻的下行压力，转变经济发展方式的任务更加迫切。大力发展第三产业、发展现代服务业和生产型服务业，成为推进经济结构调整和提高我国综合竞争力的重要选择。为促进经济发展方式转变，就需要建立起与经济发展方式转变相适应的财税制度。《国民经济与社会发展"十二五"规划纲要》提出了完善财税体制、促进经济发展方式转变的基本方向，即"扩大增值税征收范围，相应调减营业税等税收"。我国2011年的《政府工作报告》又进一步提出改革营业税的政策方向。至此，将以前缴纳营业税的应税项目改成缴纳增值税，相应减少营业税的征税范围，扩大增值税的征税范围，成为我国当前税制改革的重要内容，这也就是我们理解的营业税改征增值税的改革，简称"营改增"改革。

（二）"营改增"的基本内容

1. "营改增"改革的阶段划分

我国"营改增"改革总体分为三个阶段：第一阶段，首先在部分行业、部分地区进行"营改增"试点。第二阶段，选择部分行业在全国范围内进行试点。第三阶段，在全国范围内多数行业实施"营改增"，基本实现对大多数商品和劳务征收增值税。从改革的总体设想和规划看，整个"十二五"期间，我国要基本完成"营改增"改革。

（1）改革的起步阶段：选择部分地区和行业进行"营改增"试点

2011年11月16日，国家财政部、国家税务总局联合发布《关于印发〈营业税改征增值税试点方案〉的通知》（财税［2011］110号），公布了"营改增"试点的方案，决定自2012年1月1日起开始试点，并根据情况及时完善方案，择机扩大试点范围。

首先，关于试点行业方面，我国"营改增"改革选择了交通运输业和部分现代服务业进行试点，也就是我们常说的"1+6"模式。从具体的行业分布看，交通运输业主要包括：陆路运输服务、水路运输服务、航空运输服务和管道运输服务；部分现代服务业主要包括：研发和技术服务、信息技术服务、文化创意服务、物流辅助服务、有形动产租赁服务、鉴证咨询服务等。

其次，关于试点地区方面，上海市被选为首个试点地区。由于“营改增”改革涉及面较广，要保证改革的顺利实施，必须先选择条件较好的地区进行试点。上海市现代服务业比较发达，服务业门类齐全，辐射作用明显。在我国发展方式转变和工业转型升级的背景下，选择与制造业关系密切的部分现代服务业进行试点，可以减少产业分工细化中存在的重复征税因素，既有利于现代服务业的发展，也有利于制造业产业升级和技术进步。交通运输业与生产流通联系紧密，在生产性服务业中占有重要地位，而且运输费用已经纳入现行增值税进项税额抵扣范围，运费发票已纳入增值税管理体系，改革的基础较好。因此，我国选择把上海市作为首个试点地区，自2012年1月1日起，在交通运输业和部分现代服务业中推进营业税改征增值税的改革试点。为了推进试点工作，根据国务院批复的《营业税改征增值税试点方案》，财政部和国家税务总局专门印发了“一个办法”和“两个规定”，即《交通运输业和部分现代服务业营业税改征增值税试点实施办法》、《交通运输业和部分现代服务业营业税改征增值税试点有关事项的规定》和《交通运输业和部分现代服务业营业税改征增值税试点过渡政策的规定》等文件，确定了“营改增”后的纳税人、税率、税收征管等基本要素。

再次，“营改增”试点地区范围进一步扩大。从上海市试点情况看，“营改增”改革总体上起到了明显的减税效应。为了进一步积累试点经验，2012年7月25日，国务院第212次常务会议通过决议，决定自2012年8月1日起至2012年年底，将交通运输业和部分现代服务业营业税改征增值税试点范围，由上海市分批扩大至北京、天津、江苏、浙江、安徽、福建、湖北、广东和厦门、深圳10个省（直辖市、计划单列市）。2012年7月31日，财政部、国家税务总局发布《财政部国家税务总局关于在北京等8省市开展交通运输业和部分现代服务业营业税改征增值税试点的通知》，明确了第二批实行“营改增”试点地区的时间表。即：北京市应当于2012年9月1日完成新旧税制转换；江苏省、安徽省应当于2012年10月1日完成新旧税制转换；福建省、广东省应当于2012年11月1日完成新旧税制转换；天津市、浙江省、湖北省应当于2012年12月1日完成新旧税制转换。目前，我国已经试点的地区涵盖"营改增"企业数量约为95万户。各个省市的试点企业数量分布如表1－1：

表1－1　十大试点地区的"营改增"企业数量及结构分布

试点地区	申报户数（单位：万户）	一般纳税人户数（单位：万户）	交通运输业占比
上海市	14.30	5.00	8.00%
北京市	13.90	3.40	4.60%
江苏省	11.50	2.00	26.96%
安徽省	3.01	0.24	—
福建省	2.34	0.27	—
广东省	16.46	2.78	—
深圳市	6.28	0.39	—
天津市	5.13	0.26	9.84%
浙江省	15.28	1.05	—
湖北省	7.34	3.12	44.89%
合计	95.54	18.51	—

（2）进一步推进阶段：酝酿选择某些行业在全国范围推行"营改增"

2012年10月，我国"营改增"改革推进到了东部及中部地区10个省市的交通运输业和部分现代服务业。从改革的地区选择看，主要是环渤海经济区、长三角经济区、珠三角经济区、海峡西岸经济区和长江中游经济区等中东部经济相对发达的地区。从改革试点的情况看，"营改增"扩大试点情况比预期要好。2012年11月26日，财政部、国家税务总局在江苏南京召开扩大营业税改征增值税（简称"营改增"）试点工作座谈会。12个试点地区和扩大试点的省、直辖市和计划单列市介绍的情况表明，"营改增"试点稳步推进，取得了阶段性成效。2013年将是改革的重要过渡年，将会继续完善行业试点办法，继续选择某些生产性服务业推进试点工作。从选择的行业方面考虑，目前看，铁路运输、建筑安装、电信通讯这三个行业有可能进入"营改增"改革范围，根据国家和地方政府的财力可能，将逐步扩大到全国试点。

（3）多行业、全国范围推行阶段："营改增"改革的最终完成

根据我国"营改增"改革的整体规划，到"十二五"结束之时，我国将

基本完成“营改增”改革。除少数原来征收营业税的行业继续征收营业税外，在全国范围内最终完成“营改增”改革，实现对大多数商品和劳务统一征收增值税的税制布局，完善增值税的扣税链条，基本消除商品和劳务流转环节的重复征税问题。在“营改增”改革完成后，还将进一步扩大增值税的抵扣范围，完善消费型增值税制度。

2. “营改增”试点的税制安排

（1）试点税率选择

试点税率的选择是“营改增”改革的难点。从目前实行增值税的170多个国家和地区的情况看，增值税的税率结构既有单一税率，也有多档税率。我国“营改增”改革税率确定坚持改革行业税负基本不变的原则。根据试点行业营业税税负的测算，陆路运输、水路运输、航空运输等交通运输业转换的增值税税率水平基本在11%～15%之间，研发和技术服务、信息技术、文化创意、物流辅助、鉴证咨询服务等现代服务业基本在6%～10%之间。为使试点行业总体税负不增加，在现行增值税17%标准税率和13%低税率基础上，新增加了11%和6%两档税率。租赁有形动产等适用17%税率，交通运输业、建筑业等适用11%税率，其他部分现代服务业适用6%税率。我国现行改革试点的增值税税率档次安排是一种必要的过渡性安排，未来将本着简化税制的基本改革方向，适时简并税率档次。

（2）计税方式

交通运输业、建筑业、邮电通信业、现代服务业、文化体育业、销售不动产和转让无形资产，原则上适用增值税一般计税方法。金融保险业和生活性服务业，原则上适用增值税简易计税方法。

（3）计税依据

纳税人计税依据原则上为发生应税交易取得的全部收入。对一些存在大量代收转付或代垫资金的行业，其代收代垫金额可予以合理扣除。

（4）服务贸易进出口

服务贸易进口在国内环节征收增值税，出口实行零税率或免税制度。

3. “营改增”试点的政策衔接

“营改增”改革是我国税收制度的重要改革，改革完善要经历相当长的一段时间。为保证试点改革顺利推进，改革中规定了许多过渡性政策安排。

（1）税收收入归属方面：试点期间保持现行财政体制基本稳定，原归属试点地区的营业税收入，改征增值税后收入仍归属试点地区，税款分别入库。因改革试点产生的财政减收，按现行财政体制由中央和地方分别负担。

（2）税收优惠政策过渡方面：国家给予试点行业的原营业税优惠政策可以延续，但对于通过改革能够解决重复征税问题的，予以取消。试点期间针对具体情况采取适当的过渡性政策。

（3）跨地区税种协调方面：试点纳税人以机构所在地作为增值税纳税地点，其在异地缴纳的营业税，允许在计算缴纳增值税时抵减。非试点纳税人在试点地区从事经营活动的，继续按照现行营业税有关规定申报缴纳营业税。

（4）增值税抵扣政策的衔接方面：现有增值税纳税人向试点纳税人购买服务取得的增值税专用发票，可按现行规定抵扣进项税额。

（三）“营改增”扩围的政策影响

“营改增”是我国当前税制改革的重头戏。我国“营改增”改革不仅能够推动中国税制结构的完善，对于我国产业结构调整和产业转型升级也有重要的促进作用。

1. 推动中国税制向结构简化迈出重要一步

长期以来，我国增值税和营业税“两税”长期并存，商品劳务税制比较复杂，重复征税和税负不公平同时存在。1994 年税制改革时，为便于税收征管，我国按照商品是“有形还是无形”这个属性，把市场经济中的商品划分为“货物和劳务”两类。对有形的商品（主要是货物）的流转额征收增值税，对无形的商品（主要是劳务或者服务）的流转额征收营业税。

随着市场化发展，商品与劳务（服务）的界限逐渐模糊，现实中的多数商品介于货物和劳务这两个端点之间。商品销售过程不仅提供货物等有形商品，也同时提供服务等无形商品，难以准确划分货物与劳务两者的边界。由于有的商品和服务适用于增值税和营业税两大税种，分别由国税和地税两个税务部门管理征收，实际税收征管过程中会遇到大量的“混合销售”与“兼营行为”等现象，必须在实际征管过程中对“商品和服务”销售进行准确界定。由此，增值税和营业税两税并存导致了税务部门和纳税人税收征管和税收遵从的困难，税收征管成本增加。“营改增”改革使得商品和劳务能够一体化征税，避免重复征税，实现税收公平，可以从根本上简化税制，降低征纳成本。

“营改增”改革不仅是营业税和增值税两个税种的简单转换，而且是我国税收制度的深刻调整。“营改增”改革将会推动我国税收制度简化，理顺中央政府和地方政府之间的财政关系，促进整个财税制度更加合理。

2. 促进我国产业结构大力调整

（1）提升现代服务业发展水平。我国服务业发展相对滞后。目前，我国整体上处于工业化中期的后半段，东部经济发达地区甚至已经进入到工业化中后期阶段。根据国际经验，当工业化发展到一定阶段后，需要服务业快速发展与之相配套。目前，世界主要经济体的服务业高度发达，甚至有些国家服务业占经济总量的比重已经达到近80%。例如，美国在2008年服务业经济占国民经济的比重为77%，日本约为70%。我国服务业与世界发达国家相比差距明显。以服务业最发达的上海为例，2011年，其服务业所占比重也仅为57.9%。2011年，全国服务行业所占比重仅为43.11%。服务业特别是生产型服务业发展滞后已经严重影响到工业的获利能力和在世界上的竞争力。我国服务业发展水平低，一方面表明我国服务业发展还比较落后，另一方面，也和我国一大部分服务业没有彻底从工业中分离出来有关。

现代服务业发展需要专业化。现代服务业种类极多，随着现代技术进步，出现了诸如信息服务、服务外包等多种服务形式。服务的日益细化也使得原来内置于企业内部的服务功能被外部化，并成为产品价值延伸的重要环节。加快生产性服务业发展，成为实现产品价值增值的重要渠道。同时，现代生产日益专业化，生产企业为了增加竞争力，也需要逐渐将非核心业务外包出去，进行专业化发展。

现代服务业的发展需要相应税收制度的保障。我国服务业在流转环节全额征收营业税，由于营业税本身的征收特点，服务业因营业税的道道征收实际承受的税收负担较重。服务业要加快发展，必须有促进服务业发展的良好税收制度环境。近年来，要求加快营业税改革的呼声逐渐高涨。增值税与营业税相比较，具有明显的税收中性特征。通过税收制度改革，在服务业中也征收增值税，可以减少服务业存在的重复征税，直接降低服务业的税收负担。税收制度调整后，生产型服务业专业化分工将更加细化，长期以来困扰企业发展的“大而全”、“小而全”的问题也可以得到解决，届时大部分生产性服务业将逐步从制造业中分离出来。税收制度的调整，也能使服务贸易出口享受到出口退税政策，提升服务业的国际竞争力。税收制度的调整也会促进社会资本和国际资本加大对服务业的投资，缓解服务业发展的资金压力，增强中小服务企业的活力。

（2）推进制造业加快产业转型升级。服务业征收营业税不仅直接影响到服务业的发展，也不利于制造业发展和转型升级。“营改增”可以打通第二产业、第三产业增值税抵扣链条，使工业企业采购服务产品也能获得相应的增值税的进项抵扣，从而直接减轻工业企业的增值税负担。“营改增”改革也会促进工业领域中的研发、设计、营销等内部服务环节从主业剥离出来，制造企业可以更加专注主业，有助于提高制造企业的创新能力。同时，服务业的专业化发展和创新，可以为工业发展提供创新的技术支持，从而提升工业化发展质量，使得我国制造业从低端走向中高端，提高工业产品的附加值，提升我国整个工业的国际竞争力，实现工业有质量的发展。

（3）促进国有企业结构调整和发展。传统国有企业存在“大而全”、“小而全”模式，企业一直在探索通过主辅分离实现专业化经营。由于分离后的企业为原企业服务要承担很高的税负，主辅分离的工作一直难以推进。“营改增”可以给企业快速发展带来实惠，制造业主辅分离后，可以把更多的资源和精力用于发展主业上。辅业分离后有了政策的支持，也可以把生产性服务业做大做强，通过开展专业化经营提升服务能力和水平。“营改增”改革通过降低税负使企业利润增加，增强了企业发展能力。可以说，“营改增”改革促进了国有企业经营模式改变，通过专业化经营和集约化经营，使国有资产实现了保值增值，促进了国有企业生产结构和经营模式转变。

3. 促进我国经济快速增长

“营改增”试点改革总体显现出减税效应。“营改增”改革坚持税负总体不变或略有下降的原则，对于改革中出现的个别行业或企业税负加重的情况，政府通过过渡性财政补助政策予以弥补。从各地区财政测算和运行情况看，“营改增”总体上呈现减税效应，特别是对中小企业减税效果更加明显。上海市“营改增”改革已累计减税 225 亿元，小规模纳税人普遍实现减税，减税幅度达到 40%。广东省试点行业纳税人总体减税约 96 ~ 150 亿元，其中深圳减税约 30 ~ 50 亿元。天津市预计试点行业纳税人预计减税 11 亿元、浙江省财政总收入减收约 60.1 亿元，95% 的试点企业实现减负。北京试点以来已经累计减税超过25亿元，其中现代服务业减税8.16亿元，税负下降25.7%。

“营改增”改革的减税效应将为试点企业带来实在的好处，从而刺激经济增长。根据国家税务总局的测算，“营改增”全面推开后，年税收收入预计净减少1 000亿元以上，将带动GDP增长0.5%左右，第三产业和生产性服务业增加值占比将分别提高0.3%和0.2%，高能耗行业增加值占比将降低0.4%。上海市试点实践也证明，“营改增”将会直接提高企业利润率，刺激私人投资。试点以来，上海市新办企业月均增长在1 800户以上，总量1.82万户的新办试点企业中96%为服务业企业。受此拉动，上海市前三季度第三产业增加值增长10.9%，远高于第二产业增加值2.6%的增幅，也高于地区生产总值7.4%的增幅。服务业对就业的吸纳能力强，服务业投资的增长将会吸纳更多的劳动力就业，进一步缓解社会的就业压力，从而通过就业带动作用促进经济增长。

二、“营改增”试点的税负变动效应

（一）税负变动的影响因素

“营改增”试点会使相关行业的税负发生改变，其税负的变化除了与改革后适用的增值税税率水平、增值税本身的抵扣制度有关外，还与改革行业的资本有机构成、盈利能力、成本结构有关。实质上，“营改增”试点行业税负的变化是上述因素综合作用的结果。

1. 资本有机构成

资本有机构成从价值方面看，表现为生产中的不变资本与可变资本价值的比率，或者表现为生产资料的价值与劳动力的价值（即工资总额）的比率。科学技术快速发展和生产力水平的提高使得企业的资本有机构成逐渐提高。资本有机构成的提高意味着对劳动力投入的需求相对减少，企业生产资料（不变资本）在企业资本投入中所占的比重不断加大。

资本有机构成影响企业增值税的进项税额。在消费型增值税制度下，企业外购生产资料或固定资产的支出越多，则可以抵扣的进项税额也越多。因此，企业提高资本有机构成可以降低其实际增值税税负。在“营改增”改革中，生产资料投入多的企业和资本有机构成高的企业可以多抵扣增值税进项税额，其改革后的增值税实际税负会显著下降。

交通运输业“营改增”改革使得交通运输企业的实际税负加重，这也与其自身的资本有机构成低有关。交通运输业的资本有机构成比较低，由于企业难以在短期进行大量的运输设备更新，改革后企业能够抵扣的进项税额小。在改征增值税后，交通运输业由于进项税额抵扣较少而提高整体税负率。

2. 行业增值率（利润率）

增值税在征税原理上是对商品和劳务的生产、流通等多个环节中增值额征收的一种税。由于商品或者劳务的新增价值在生产和流通过程中难以准确衡量，为便于计算，国际上通行的是采用抵扣办法计算增值税税额，即根据销售商品或劳务的销售额，按规定的税率计算出销项税额，然后扣除取得该商品或劳务时所支付的增值税额，也就是进项税额，其差额就是增值部分应缴纳的增值税税额。这种计算方法体现了按增值额计税的原则。因此，企业的增值率越高，企业实际缴纳的税款就越多。

企业的利润率和增值率有正相关关系。一般而言，在其他条件不变的情况下，企业的增值率越高，企业的利润率也越高，利润率其实是增值率的直观反映。增值税是价外税，在市场经济条件下，企业所缴纳的增值税可以向消费者转嫁。企业的利润率越高，说明企业的定价能力越强，其税负转嫁能力也强，企业实际所负担的增值税也就越轻。

3. 适用税率

增值税税负率一方面受企业增值率的影响，另一方面也取决于适用税率。“营改增”行业的税率高低是影响税负的直接因素。在企业增值率不变的条件下，企业所适用的税率的提升会直接增加税收负担。上海市营业税改征增值税试点，改变了原来征收营业税行业的税率结构。纳入试点改革的交通运输业，其税率由3%的营业税税率调整为11%的增值税税率；部分现代服务业的税率由原5%的营业税税率改为6%的增值税税率。税率水平的改变直接影响了企业的实际税负水平。以交通运输业为例，由于能够抵扣的进项税额少，税率的提高直接增加了其实际税负水平。

因此，在“营改增”改革中，税率结构和档次的确定除了要实现不同行业之间的税负基本公平外，还应该关注行业自身由于税率调整带来的税负变化。“营改增”改革要顺利进行，需要做好改革“扩围”行业增值税的税率测算，这也是“营改增”改革能否顺利推进的关键所在。

4. 成本结构

企业的增值税负担除了与增值率有关外，还和企业的成本结构有关。我国实行的是消费型增值税，企业能够抵扣的进项税额的范围有限，只有机器设备等固定资产的进项税额可以抵扣，其他如生产性原材料和工人的工资成本则无法通过进项税额抵扣。这种增值税制度对不同成本结构的行业和企业的税负造成了极大影响。因此，人工成本越高的行业，在同样的增值率下企业实际缴纳的增值税越多。或者说，产品成本结构中可以抵扣增值税的支出项目结构比重越大，则企业的税负率就越低。现行增值税所造成的不同行业之间或者同一行业间不同企业成本结构的税负差异，会促使企业不断调整成本结构。企业愿意进行固定资产、设备更新，促进了固定资产投资的增长，也会造成企业对劳动雇佣需求的下降。

5. 供应商提供抵扣凭证的情况

由于营业税纳税人和小规模纳税人无法开具增值税专用发票，若供应商大部分为营业税纳税人或小规模纳税人，则可能会造成抵扣困难，从而使税负增加；即使可以取得抵扣凭证，仍要看从供应商处取得的抵扣凭证是否合法。现行增值税凭票抵扣的制度也造成同行业不同企业之间实际税负的差异。

（二）“营改增”试点行业的税负变化

我国“营改增”改革选择了交通运输业和部分现代服务业进行试点改革，对于改革行业实行6%和13%两档税率。尽管改革总体呈现出减税效应，由于现有的改革行业的成本构成和使用税率的差异，改革行业的税负呈现出增税和减税两种效应。另外，由于“营改增”改革，也对不同行业的流转税的税负产生了新的冲击。总体来看，“营改增”改革使得原来征收增值税行业的流转税税负普遍降低，而原来征收营业税行业的税收负担则有升有降。

1. 部分现代服务业的整体税负下降

从现有资料看，现代服务业的税负变化与选择的税率高低相关。由于“营改增”服务业的一般纳税人能够抵扣进项税额，使得服务业的实际税负要低于原来征收的营业税的税负水平。从各个试点地区的实际运行看，从事技术研发、租赁服务、金融服务以及文化创意服务的一般纳税人的税负也有不同程度的下降。如上海市“营改增”改革，一般纳税人中税负总体下降的占

71.2%。2012 年 1～8 月份，上海市实现减税 22.2 亿元。[①] 小规模纳税人的税负普遍下降。纳入试点改革的小规模纳税人，其税率大都由原来的 5%（营业税税率）降为 3%（小规模纳税人增值税的征收率），税负下降幅度约为 40%。

2. 原征收增值税的制造业等行业实际税负下降

“营改增”改革直接延长了扣税链条，能够抵扣部分服务支出，抵扣的进项税额增加。因而，“营改增”改革使得原增值税一般纳税人的实际增值税负担普遍下降。如：上海市原增值税一般纳税人由于获得对试点一般纳税人开具的应税服务增值税发票，从而多抵扣进项税额 106.5 亿元。[②] 安徽省试点测算表明，试点可以为下游制造业提供可供抵扣的税款多达约 19.73 亿元。[③] 唐登山[④]利用投入产出表对原来征收增值税的行业按照税率的不同进行了测算，得出了“营改增”改革会使各地区原征收增值税的行业税负不同程度下降的结论。平均而言，“营改增”改革会使得原实行低税率 13% 的税负下降不到 1 个百分点。原征收增值税税率在 17% 的行业的税负会下降 1 个百分点以上。

3. 交通运输业、物流业的税负有所增加

“营改增”试点前，交通运输业实行的是 3% 的营业税税率；“营改增”改革后，这些行业实行 11% 的增值税税率，税率提高了 8 个百分点。如果没有足够的进项税额可以抵扣或者可以抵扣的进项税额较少，“营改增”改革后其税负必然增加。一方面交通运输企业所涉及的主要抵扣来源为运输设备，而“营改增”所涉及的企业大多不是新办企业，没有外购的机器设备这一项。根据现行税法规定，企业主要生产设备的折旧年限一般为 10 年，“飞机、火车、轮船以外的运输工具”为 4 年，那么交通运输业的主要固定资产要 10 年或 4 年才能更新，其间基本没有固定资产支出，也就没有可抵扣的固定资产进项增值税。另一方面由于增值税并未覆盖到全行业，很多企业并不能开具增值税发

---

① 数据来源于“扩大营业税改征增值税试点工作座谈会”《上海市营改增试点工作情况汇报》，2012 年 10 月 18 日。

② 数据来源于“扩大营业税改征增值税试点工作座谈会”《上海市营改增试点工作情况汇报》，2012 年 10 月 18 日。

③ 数据来源于“扩大营业税改征增值税试点工作座谈会”安徽省人民政府《安徽省营改增试点工作情况汇报》，2012 年 10 月 18 日。

④ 唐登山：《中国增值税扩围效应研究》，中国社会科学出版社，2012 年 11 月，第 47～49 页。

票，由此，交通运输业的进项缺少可以用来抵扣的发票，比如燃油、过路费、过桥费、停车费等。上述两重因素叠加导致企业税负增加。如：安徽一家物流有限公司税改前执行3%的营业税率，改革后执行11%的增值税。由于燃油不能实现完全抵扣，加上过桥过路费和汽修无法开具增值税发票，按照测算，企业四季度税负约上升2个百分点。改革试点地区资料也表明，交通和物流行业税负总体提升。上海市发展改革研究院编撰的《2012年一季度上海服务业重点监测企业问卷调查报告》显示，上海36家运输仓储企业中有63.9%认为税负有所增加，税负增加10%以上的企业占27.8%。福建省“营改增”一般纳税人中，交通运输业纳税人的税负总体上升10.5%。深圳等市的试点测算也表明交通运输业的税收负担有所上升。

三、“营改增”的经济效应分析

（一）“营改增”的市场挤出效应

“营改增”改革使得不同地区同行业企业之间进行同项业务往来时，产生了税收负担差异，非试点地区的企业竞争优势被弱化。

假设企业A为原增值税一般纳税人，与分属不同地区的企业B、企业C都发生业务关系。B和C这两家企业能够向企业A提供无差别的服务，且都是营业税的纳税人。B企业所在地区实行“营改增”改革成为增值税一般纳税人，C企业所在地区没有进行“营改增”改革仍征收营业税。试点改革后，企业A向企业B购买应税服务取得增值税发票，向企业C购买服务无法取得增值税发票。企业A与企业B的业务往来因抵扣进项税额使得企业A的实际增值税负担下降。于是，企业A选择与企业B开展业务合作，转而放弃与企业C的业务合作。这样，企业C由于“营改增”造成的税收关系变化而处于不利的竞争地位。如上海实行营业税改革而相邻的苏州没有进行改革时，苏州地区的原一般纳税人企业更多选择上海的物流企业及相关服务企业作为业务伙伴，以获得抵扣增值税进项税额的好处。这导致苏州乃至江浙一带的物流企业及相关服务企业因未纳入试点范围而被“挤出”市场，严重干扰了企业之间的正常竞争关系。目前，“营改增”改革只在某些行业和某些区域试点，在不能实现“营改增”改革行业全国全覆盖的条件下，非试点地区的企业在行业竞争中会处于劣势。在某些试点区域，没有“营改增”改革的企业会被挤出市场，从而使试点企业和非试点地区之间的企业处于不平等的竞争地位。

（二）"营改增"的地区竞争效应

"营改增"改革在改变试点地区与非试点地区企业竞争关系的同时，也造成了不同地区的税源竞争：

1. "营改增"因税收抵扣关系的改变而造成地区间税收收入的差异

如果原增值税纳税企业从试点地区购买服务取得增值税专用发票，则这家企业在缴纳增值税时，通过抵扣购买服务的进项税额从而使其增值税实际负担降低。那么，该企业所在地的地方政府的税收收入也会减少。相反，服务提供方所在的地方政府的总体税收收入会增加。抵扣进项税额较多的地区政府为了维持一定的税收收入水平，会要求当地企业尽可能与本地企业发生业务关系，这会造成市场的人为割裂与地区封锁，影响甚至破坏市场的统一性。

2. "营改增"使得企业通过改变注册地造成税源变动

现行"营改增"地区试点方案客观上造成了不同地区同类企业之间的税收负担的差异。"营改增"如果使得试点行业的税负减少，则会吸引周边非试点地区的同行业企业进入试点地区；否则，则会使试点地区的企业向周边非试点地区转移流动。变换注册地是企业为实现税负减轻而做出的正常经济行为选择，但对地方政府而言，则意味税源的增加或者减少，加剧了地区间的税源竞争。

（三）"营改增"的变革诱发效应

营业税是地方主体税种，地方营业税收入约占地方税收收入三成以上，相当于国内增值税与企业所得税收入之和。在1994年财政管理改革后，由于财权向中央政府集中，多数地方政府的一般预算收入不能满足预算支出。

以2010年为例，全国31个省（直辖市、自治区）一般预算收入占一般预算支出的比重平均为54.97%。[①] 在"营改增"试点地区中，北京市、上海市财政收入能力略强，一般预算收入与预算支出占比分别为86.63%和87%。安徽、湖北两省的预算收支比重仅为44.42%和40.43%。因此，地方政府普

---

① 该数据根据《中国统计年鉴（2011年）》中的地方一般预算收入和一般预算支出计算得出。地方政府一般预算收入占一般预算支出的比重这一指标可以反映地方政府的财政自主能力。这一比重越大，表明地方政府的财政平衡的能力越强。

遍存在着预算收支缺口，预算赤字增长快。根据我国 2012 年政府预算，地方政府的预算赤字为 47 601 亿元，债务总规模将达到 GDP 的 22.7%。

“营改增”改革的减税效应对地方政府财政收入造成了一定压力。这种压力来自两个方面：一是“营改增”改革造成地方政府当前税收收入下降。目前“营改增”改革涉及的行业少，但改革行业和相关行业多数存在税收负担下降的情况。尽管“营改增”的减税效应能够促进经济增长，长远来看有利于增加财政收入，但是，当前“营改增”改革也的确造成地方政府总体税收收入下降。二是地方政府因改革造成支出增加。在改革过渡期，对于“营改增”造成税负增加的部分企业，地方政府要给予企业一定的财政补助，这会增加地方政府的支出压力。上述这两种因素的叠加会加剧地方政府财政支出压力。

地方财政支出压力不能长期搁置不顾。由于地方政府承担着大量基本公共服务的职能，地方财政的收支缺口不仅直接影响着地方财政安全，也会直接影响基层民众的基本公共服务的供给。在保证中央对地方财政控制力的同时，也必须兼顾地方财政收支平衡，提高地方政府的财政自平衡能力。

“营改增”改革需要加快调整中央和地方政府的收入分配格局。需要以“营改增”为契机，在中央和地方事权不变的情况下，采取以下可能措施：其一，提高增值税的地方分成比例；其二，开征其他地方税，弥补地方财政收入不足；其三，调整地方事权，减少地方政府的支出责任。不管采取上面哪一种措施，都会推动中央和地方财政管理体制调整，促进中央和地方财政管理体制完善。

（四）“营改增”的经济拉动效应

增值税具有税收中性优势，有利于资源的合理配置，而营业税由于存在重复征税现象，会扭曲资源配置造成资源效率下降。

1. 对宏观经济增长的拉动作用

“营改增”改革是一项税收制度改革，改革会改变资源配置状况，促进经济结构改变，从而对宏观经济增长产生影响。

赵迎春[①]（2013）等采用了 CGE 模型对“营改增”的宏观经济影响进行

① 赵迎春：《增值税“扩围”的宏观经济效应分析》，《税务研究》，2013 年第 1 期。

研究。CGE 模型是一个能够量化各个重要宏观经济变量交叉和综合影响的重要工具，可以综合评估“营改增”改革的政策效果。采用的 CGE 模型主要包含国内居民、企业、政府和国外的经济参与主体。经济部门主要采用了我国 2007 年投入产出表的划分方法划分为 42 个部门，即 1 个农业部门、25 个工业部门和 16 个服务业部门，税种包含了营业税、增值税和其他税种。由于我国目前劳动力市场仍存在有大量失业或者隐性失业、固定资产投资受政府干预大而受税收政策影响小、国内需求不足等特点，主要采用了凯恩斯的封闭经济模型，利用比较静态研究来考察“营改增”的宏观经济效应。

通过数据分析，我们可以发现，“营改增”后，在保持各个行业营业税与增值税税负不变的情况下，宏观经济的各项指标相对于基期都有所增长。从模拟情景看，“营改增”改革所起到的资源配置效应可以在两到三年内拉动 GDP 增长 0.175 个百分点，带动就业增长 0.059 个百分点，带动投资增长 0.025 个百分点。“营改增”对消费和出口增长也有一定的带动作用，可以带动居民消费增长 0.045 个百分点，拉动出口增长 0.88 个百分点。由于就业、投资、消费、出口的增长，“营改增”总体上还有利于税收收入增长，两到三年内税收收入将增长 0.289 个百分点。见表 1－2。

表 1－2　“营改增”改革对宏观经济的影响的模拟结果分析

	基期数据（2007）	模拟结果	变动率
GDP（亿元）	249 529.90	249 966.50	0.175%
总投资（亿元）	137 323.90	137 358.37	0.025%
总就业（万人）	76 990.00	77 035.08	0.059%
居民总消费（亿元）	93 317.20	93 358.87	0.045%
居民总收入（亿元）	126 414.69	126 471.13	0.045%
总出口（亿元）	93 455.63	94 278.08	0.880%
总进口（亿元）	73 284.56	73 903.56	0.845%
税收收入（亿元）	45 621.97	45 753.83	0.289%

2. 对部门产出增长的拉动效应

“营改增”改革使得不同行业的资源配置结构发生改变，从而对不同部门的产出也具有影响。“营改增”可以减少重复征税，改革行业和原征收增值税的行业都会因“营改增”改革而受益，所有生产部门的产量都会有不同程度地增长。增长幅度最大的前五个部门分别为租赁与商务服务业（1.555%）、造纸印刷及文化体育用品制造业（1.441%）、石油加工炼焦及燃料加工业（1.273%）、金融业（1.248%）和石油天然气开采业（1.188%）。在增长幅度最大的前十个部门中，服务业占四个，另外两个部门为邮政业（1.137%）与住宿餐饮业（1.02%）；交通运输业增长0.993%，排在第十一位。“营改增”改革对三次产业的产出也有不同程度的影响。第二产业与第三产业受益程度相差不大，同比增长分别为0.761%和0.748%，第一产业的受益略低于第二产业和第三产业，“营改增”后，第一产业的收益率为0.547%。见图1－1。

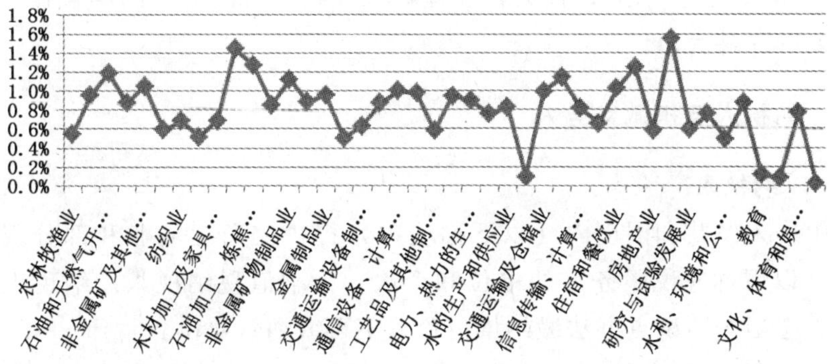

图1－1 “营改增”改革对不同部门产出增长影响的模拟分析

第二章 “营改增”纳税指南

从2012年1月1日起，营业税改征增值税（以下简称“营改增”）率先在上海市进行试点，并于2012年8月1日开始，陆续将试点范围扩大到北京市、天津市、江苏省、安徽省、浙江省（含宁波市）、福建省（含厦门市）、湖北省、广东省（含深圳市）8个省市。“营改增”已经成为我国新时期税制改革的“重头戏”。因此，社会各界理解和掌握“营改增”的纳税操作就成为极为必要的一件大事。

一、纳税人与扣缴义务人

（一）纳税人

在中华人民共和国境内（以下称境内）提供交通运输业和部分现代服务业服务（以下称应税服务）的单位和个人，为增值税纳税人。纳税人提供应税服务，应当按照试点办法缴纳增值税，不再缴纳营业税。

单位，是指企业、行政单位、事业单位、军事单位、社会团体及其他单位。

个人，是指个体工商户和其他个人。

【案例2－1】 北京某一文化创意服务公司于2012年2月在上海成立了一家动漫设计公司，并领取法人营业执照和税务登记证。其在2012年发生了如下经济业务：

（1）2012年3月，北京总公司向上海一家企业提供了广告策划服务；

（2）2012年6月，上海子公司为杭州的动漫节提供动漫宣传策划服务以及动漫形象大使设计服务；

（3）2012年10月，北京总公司向沈阳提供冰雕节的活动设计方案服务。

对于上述业务，可以根据《试点实施办法》的规定来认定试点纳税人：

（1）由于北京在2012年3月未纳入“营改增”试点改革范围，故北京总公司不是试点地区的纳税人，从而不是试点纳税人；根据《试点实施办法》第四十二条的规定，非固定业户应当向应税服务发生地主管税务机关申报纳税。若向上海企业提供应税服务的是个人或者其他非固定业户，那么其应当向上海税务机关申报缴纳增值税，从而成为试点纳税人。

（2）2012年6月，上海市已纳入“营改增”试点改革范围，故上海子公司为试点纳税人；

（3）2012年10月，北京市已纳入“营改增”试点改革范围，从而成为试点纳税人。

此外，单位以承包、承租、挂靠方式经营的，承包人、承租人、挂靠人（以下称承包人）以发包人、出租人、被挂靠人（以下称发包人）名义对外经营并由发包人承担相关法律责任的，以该发包人为纳税人。否则，以承包人为纳税人。

单位以承包、承租、挂靠方式经营的，以发包人为纳税人必须同时满足以下两个条件：（1）以发包人名义对外经营；（2）由发包人承担相关法律责任。

【案例2－2】2012年5月，张三与上海A运输公司签订了挂靠协议，以A运输公司的名义对外经营，同时办理了上海A运输公司业务部的非法人营业执照和税务登记证，对于本案例中的主体，可以认定试点纳税人如下：

（1）张某领取的是非法人营业执照和税务登记证，则该业务部则作为上海A运输公司的分公司。根据《公司法》第十四条规定，“公司可以设立分公司。设立分公司，应当向公司登记机关申请登记，领取营业执照”。分公司不具有法人资格，其民事责任由公司承担。因此，该上海A运输公司为试点纳税义务人。

（2）关于挂靠与被挂靠，实际税收征管中将其视同总分机构管理。若总分支机构不在同一县（市），则在本案例中，无论是否属于挂靠性质，分支机构都应当就其实际取得的营业收入计算缴纳增值税。

（二）扣缴义务人

中华人民共和国境外（以下称境外）的单位或者个人在境内提供应税服务，在境内未设有经营机构的，以其代理人为增值税扣缴义务人；在境内没有代理人的，以接受方为增值税扣缴义务人。

符合下列情形的，扣缴义务人代扣代缴增值税，否则，仍按照现行营业税有关规定代扣代缴营业税。

（1）以境内代理人为扣缴义务人的，境内代理人和接受方的机构所在地或者居住地在试点地区。

（2）以接受方为扣缴义务人的，接受方的机构所在地或者居住地在试点地区。

注释：

（1）接受应税服务的单位和个人必须在试点地区内，即境外单位和个人在向试点地区的单位和个人提供应税服务时才能成为试点纳税人。

（2）若境外纳税人以境内代理人为扣缴义务人，且接受方的机构所在地或者居住地在试点地区，但境内代理人不在试点地区，则该境外纳税人仍为营业税纳税人。

以上关于境外单位和个人是否为试点纳税人的规定可用图2－1来表示。

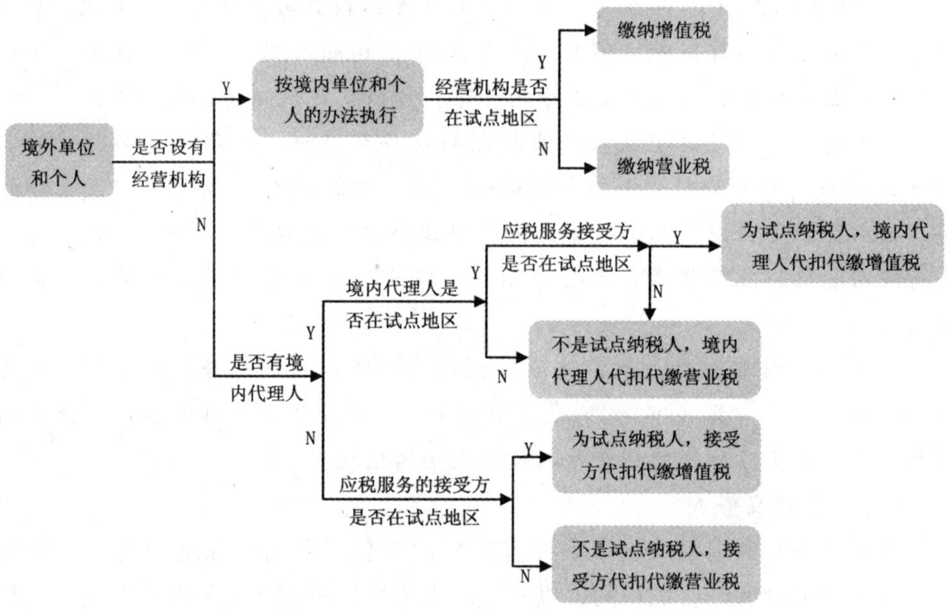

图2－1　境外单位和个人是否为试点地区增值税纳税人的流程图

二、一般纳税人和小规模纳税人的分类管理

目前，我国实行的是增值税凭专用发票抵扣税款的制度，这在客观上要求增值税纳税人的会计核算制度健全，具备较强的会计核算能力。但在实际中，我国的增值税纳税人会计核算水平参差不齐，大量的小企业和个人不具备用发票抵扣税款的条件。

为了简化增值税计算和征收，也便于减少税收征管漏洞，我国将增值税的纳税人划分为一般纳税人和小规模纳税人两类。对一般纳税人实行凭增值税专用发票扣税的计征方法；对小规模纳税人则实行按征收率计算的简易征管方法。此次“营改增”改革中，也相应地根据纳税人的会计制度是否健全将试点地区的纳税人划分为一般纳税人和小规模纳税人，分别对其进行征税和管理。

（一）一般纳税人的认定及管理

1. 一般纳税人的认定标准

应税服务的年应征增值税销售额（以下称应税服务年销售额）超过财政部和国家税务总局规定标准的纳税人为一般纳税人。

根据《国家税务总局关于上海市营业税改征增值税试点增值税一般纳税人资格认定有关事项的公告》，对于增值税一般纳税人的认定有如下规定：

（1）试点纳税人应税服务年销售额超过500万元的，应当向主管税务机关申请增值税一般纳税人资格认定。

应税服务年销售额，是指试点纳税人在连续不超过12个月的经营期内，提供交通运输业和部分现代服务业服务的累计销售额，含免税、减税销售额。按照《试点有关事项的规定》确定销售额的纳税人，其应税服务年销售额按未扣除之前的销售额计算。

试点纳税人试点实施前的应税服务年销售额按以下公式换算：应税服务年销售额 = 连续不超过12个月应税服务营业额合计 ÷（1 + 3%）。计算应税服务营业额的具体起、止时间由试点地区省级国家税务局（包括计划单列市，下同）根据本省市的实际情况确定。按照现行营业税差额征收营业税的试点纳税人，其应税服务营业额按未扣除之前的营业额计算。

【案例2-3】 上海市某咨询服务公司2011年全年累计收入为508万元，

2012年1～10月份的收入为480万元，对于该咨询服务公司应当认定为一般纳税人还是小规模纳税人，可以按照如下思路来考虑：

用于计算应税服务年销售额的收入应当符合两个条件：①连续不超过12个月的经营期内的累计销售额；②不含增值税的销售额。

故不含税的应税服务年销售额 $=508\div(1+3\%)=493.20$（万元），因为应税服务年销售额<500万元，所以该咨询服务公司应当认定为小规模纳税人。

（2）已取得一般纳税人资格并兼有应税服务的试点纳税人，不需重新申请认定，由主管税务机关制作、送达《税务事项通知书》，告知纳税人。

（3）2011年年审合格的原公路、内河货物运输业自开票纳税人，其应税服务年销售额不论是否超过500万元，均应认定为一般纳税人。办理一般纳税人资格认定时，不需提交认定申请，由主管税务机关制作、送达《税务事项通知书》，告知纳税人。

（4）应税服务年销售额未超过500万元以及新开业的试点纳税人，可以向主管税务机关申请一般纳税人资格认定。

提出申请并且同时符合下列条件的试点纳税人，主管税务机关应当为其办理一般纳税人资格认定：①有固定的生产经营场所；②能够按照国家统一的会计制度规定设置账簿，根据合法、有效凭证核算，能够提供准确税务资料。

（5）下列纳税人不办理一般纳税人资格认定：

①个体工商户以外的其他个人；

②选择按照小规模纳税人纳税的非企业性单位；

③选择按照小规模纳税人纳税的不经常发生应税行为的企业。

关于一般纳税人的认定，表2－1作出了相关总结。

表2－1　有关一般纳税人的认定情况

应当认定一般纳税人的情形	应税服务年销售额超过500万元的单位和个体工商户
	2011年年审合格的原公路、内河货物运输业自开票纳税人
可以认定一般纳税人的情形	应税服务年销售额未超过500万元的单位和个体工商户
	新开业的试点纳税人（单位和个体工商户）
不认定一般纳税人的情形	其他个人
	选择按小规模纳税人纳税的非企业性单位和不经常发生应税行为的企业

2. 一般纳税人的管理

（1）试点纳税人一般纳税人资格认定具体程序由试点地区省（市）级国家税务局根据《增值税一般纳税人资格认定管理办法》（国家税务总局令第22号）和国家税务总局公告2011年第65号以及2012年第38号文件确定，并报国家税务总局备案。

根据《增值税一般纳税人资格认定管理办法》，试点纳税人一般纳税人资格认定程序的一般规定如下：

①试点纳税人应当在申报期结束后40日（工作日，下同）内向主管税务机关报送《增值税一般纳税人申请认定表》，申请一般纳税人资格的认定。

②认定机关应当在主管税务机关受理申请之日起20日内完成一般纳税人资格认定，并由主管税务机关制作、送达《税务事项通知书》，告知纳税人。

③试点纳税人未在规定期限内申请一般纳税人资格认定的，主管税务机关应当在规定期限结束后20日内制作并送达《税务事项通知书》，告知纳税人。

④试点纳税人自认定机关认定为一般纳税人的次月起（新开业纳税人自主管税务机关受理申请的当月起），按照一般纳税人缴纳增值税的规定计算缴纳应纳税额，并按照规定领购、使用增值税专用发票。

（2）除国家税务总局另有规定外，试点纳税人一经认定为一般纳税人后，不得转为小规模纳税人。

（3）试点纳税人取得一般纳税人资格后，发生增值税偷税、骗取退税和虚开增值税扣税凭证等行为的，主管税务机关可以对其实行不少于6个月的纳税辅导期管理。

注释：

营业税改征增值税的试点一般纳税人不实行纳税辅导期管理，只有在试点一般纳税人发生增值税偷税、骗取退税和虚开增值税扣税凭证等行为的，主管税务机关可以对其进行纳税辅导期管理。

（二）小规模纳税人的认定及管理

1. 小规模纳税人的认定标准

应税服务年销售额未超过财政部和国家税务总局规定标准的纳税人为小规模纳税人。即：试点纳税人应税服务年销售额未超过500万元的纳税人为小规模纳税人。

应税服务年销售额超过500万元的其他个人不属于一般纳税人；非企业性单位、不经常提供应税服务的企业和个体工商户可选择按照小规模纳税人纳税。

2. 小规模纳税人的管理

（1）小规模纳税人会计核算健全，能够提供准确税务资料的，可以向主管税务机关申请一般纳税人资格认定，成为一般纳税人。

会计核算健全，是指能够按照国家统一的会计制度规定设置账簿，根据合法、有效凭证核算。

（2）非企业性单位、不经常提供应税服务的企业和个体工商户以外的其他个人，应当在收到《税务事项通知书》后10日内向主管税务机关报送《不认定增值税一般纳税人申请表》，经认定机关批准后不办理一般纳税人资格认定。认定机关应当在主管税务机关受理申请之日起20日内批准完毕，并由主管税务机关制作、送达《税务事项通知书》，告知纳税人。

三、应税服务

（一）应税服务范围

应税服务，是指陆路运输服务、水路运输服务、航空运输服务、管道运输服务、研发和技术服务、信息技术服务、文化创意服务、物流辅助服务、有形动产租赁服务、鉴证咨询服务。

根据《试点实施办法》所附的《应税服务范围注释》，试点地区的应征增值税的服务如表2－2所示。

表 2－2　　交通运输业和部分现代服务业应税服务范围

行业大类	服务类型	征税范围
交通运输业：使用运输工具将货物或者旅客送达目的地，使其空间位置得到转移的业务活动	陆路运输服务	通过陆路（地上或者地下）运送货物或者旅客的运输业务活动，包括公路运输、缆车运输、索道运输及其他陆路运输
		暂不包括铁路运输
	水路运输服务	通过江、河、湖、川等天然、人工水道或者海洋航道运送货物或者旅客的运输业务活动
		远洋运输的程租、期租业务，属于水路运输服务
	航空运输服务	通过空中航线运送货物或者旅客的运输业务活动
		航空运输的湿租业务，属于航空运输服务
	管道运输服务	通过管道设施输送气体、液体、固体物质的运输业务活动
部分现代服务业：围绕制造业、文化产业、现代物流产业等提供技术性、知识性服务的业务活动	研发和技术服务	包括研发服务、技术转让服务、技术咨询服务、合同能源管理服务、工程勘察勘探服务
	信息技术服务	利用计算机、通信网络等技术对信息进行生产、收集、处理、加工、存储、运输、检索和利用，并提供信息服务的业务活动。包括软件服务、电路设计及测试服务、信息系统服务和业务流程管理服务
	文化创意服务	包括设计服务、商标著作权转让服务、知识产权服务、广告服务和会议展览服务
	物流辅助服务	包括航空服务、港口码头服务、货运客运场站服务、打捞救助服务、货物运输代理服务、代理报关服务、仓储服务和装卸搬运服务
	有形动产租赁服务	包括有形动产融资租赁和有形动产经营性租赁
		远洋运输的光租业务、航空运输的干租业务，属于有形动产经营性租赁
	鉴证咨询服务	包括认证服务、鉴证服务和咨询服务

（二）应税服务的特殊规定

1. 非营业活动提供的服务

非营业活动中提供的交通运输业和部分现代服务业服务不属于提供应税服务。非营业活动，是指：

（1）非企业性单位按照法律和行政法规的规定，为履行国家行政管理和公共服务职能收取政府性基金或者行政事业性收费的活动。

（2）单位或者个体工商户聘用的员工为本单位或者雇主提供交通运输业和部分现代服务业服务。

（3）单位或者个体工商户为员工提供交通运输业和部分现代服务业服务。

（4）财政部和国家税务总局规定的其他情形。

注释：

（1）非企业性单位是指行政单位、事业单位、军事单位、社会团体及其他单位。

（2）政府性基金或者行政事业性收费应当同时满足以下三个条件：

①由国务院或者财政部批准设立的政府性基金，由国务院或者省级人民政府及其财政价格主管部门批准设立的行政事业性收费和政府性基金；

②收取时开具省级以上（含省级）财政部门统一印制或监制的财政票据；

③所收款项全额上缴财政。

（3）关于员工的认定：根据《中华人民共和国劳动合同法》[①] 和财税［2007］92号文件[②]的规定，员工应当同时符合两个条件：

①与用人单位建立劳动关系并依法签订劳动合同；

②用人单位为其支付社会保险。

（4）单位或者个体工商户聘用的员工为本单位或者雇主提供的不征税服务仅限于员工为本单位或雇主提供职务性劳务。

【案例2-4】张三是上海市某运输公司的员工，负责具体的运输业务。此

① 《中华人民共和国劳动合同法》第十条：建立劳动关系，应当订立书面劳动合同。已建立劳动关系，未同时订立书面劳动合同的，应当自用工之日起一个月内订立书面劳动合同。用人单位与劳动者在用工前订立劳动合同的，劳动关系自用工之日起建立。

② 《财政部、国家税务总局关于促进残疾人就业税收优惠政策的通知》（财税［2007］92号）："单位在职职工"是指与单位建立劳动关系并依法应当签订劳动合同或服务协议的雇员。为安置的每位残疾人按月足额缴纳了单位所在区县人民政府根据国家政策规定的基本养老保险、基本医疗保险、失业保险和工伤保险等社会保险。

时，张三为本单位提供的运输服务属于张三的职务性劳务，不属于增值税的应税服务范围。

李四是上海某服装加工厂的工人，并利用自己拥有的小货车为该加工厂提供服装的运输服务，并收取运费。此时，李四所提供的运输服务并不是作为该加工厂的员工提供的，而是以独立的主体资格向加工厂提供运输服务，李四成为试点增值税纳税人，所提供的运输服务为增值税的应税服务范围。

2. 在境内提供应税服务

在境内提供应税服务，是指应税服务的提供方或者接受方在境内。

（1）境内外提供应税服务的判定。判断境内外提供应税服务有两个原则：

①属人原则：将境内的单位或者个人提供的应税服务都纳入了境内应税服务的范围，即境内的单位或者个人提供的应税服务无论是否发生在境内、境外都属于境内提供应税服务。

②来源地原则：只要应税服务接受方在境内，无论提供方是否在境内提供，都属于境内应税服务，即单位或者个人在境内接受应税服务，包括境内单位或者个人在境内接受应税服务（含境内单位和个人在境内接受境外单位或者个人在境外提供的应税服务）和境外单位或者个人在境内接受应税服务。

【案例2－5】北京某一专业勘探设计公司是一家专门承接各类行业的矿产工程勘察、设计、地下管线探测等业务的公司，2012年12月，该公司承接了澳大利亚某一矿业公司的委托为其提供专业的铜矿山勘察服务，双方约定按照勘探面积以及提供的具体勘探项目制定收费标准。

由于该北京勘探设计公司属于境内单位，虽然其提供的勘探服务发生在境外，但由于该项服务的提供方在境内，满足属人原则，从而该勘探设计公司应当按照“研发和技术服务”税目缴纳增值税。

（2）不属于境内提供应税服务的情形：

①境外单位或者个人向境内单位或者个人提供完全在境外消费的应税服务；

②境外单位或者个人向境内单位或者个人出租完全在境外使用的有形动产；

③财政部和国家税务总局规定的其他情形。

注释：

应注意把握上述规定的潜在含义：

（1）完全在境外消费的应税服务，要求境内单位或者个人是在境外接受应税服务，且该应税服务的提供与消费的全过程均发生在境外；

（2）完全在境外使用的有形动产，要求有形动产本身在境外，且有形动产从开始到结束使用的全过程均发生在境外。

（3）视同提供应税服务的情形：

①向其他单位或者个人无偿提供交通运输业和部分现代服务业服务，但以公益活动为目的或者以社会公众为对象的除外；

②财政部和国家税务总局规定的其他情形。

注释：

（1）以上视同提供应税服务的情形只针对单位和个体工商户，不包括个人。

（2）上述规定的目的是将无偿和有偿提供应税服务同等对待，体现税制的公平性；并将以公益活动为目的或者以社会公众为对象的排除，有利于促进社会公共和公益事业的发展。

（三）油气田企业的应税服务

试点地区的油气田企业提供应税服务，应当按照《试点实施办法》缴纳增值税，不再执行《财政部国家税务总局关于印发〈油气田企业增值税管理办法〉的通知》（财税［2009］8号）①。

油气田企业是指，在中华人民共和国境内从事原油、天然气生产的企业。包括中国石油天然气集团公司和中国石油化工集团公司重组改制后设立的油气

① 财税［2009］8号文件规定，油气田企业为生产原油、天然气提供的生产性劳务应缴纳增值税，增值税税率为17%。生产性劳务是指油气田企业为生产原油、天然气，从地质普查、勘探开发到原油天然气销售的一系列生产过程所发生的劳务，缴纳增值税的生产性劳务仅限于油气田企业间相互提供上述劳务，油气田企业与非油气田企业之间相互提供的生产性劳务不缴纳增值税。

田分（子）公司、存续公司和其他石油天然气生产企业，还包括油气田企业持续重组改制继续提供生产性劳务的企业，以及2009年1月1日以后新成立的油气田企业参股、控股的企业，不包括经国务院批准适用5%征收率缴纳增值税的油气田企业。

小结：

对于油气田企业缴纳增值税，可以这样理解：

（1）对于原按照财税［2009］8号文件征收增值税的生产性劳务，属于试点改革应税服务范围的，试点地区的油气田企业按照《试点实施办法》缴纳增值税；对于原按照财税［2009］8号文件征收增值税的生产性劳务，不属于试点改革应税服务范围的，试点地区的油气田企业仍按照财税［2009］8号文件征收增值税。

（2）油气田企业之间提供的应税服务按照《试点实施办法》缴纳增值税，油气田企业与非油气田企业之间提供的应税服务也按照《试点实施办法》缴纳增值税。

（3）试点地区的油气田企业应将应税服务与原生产性劳务取得的经营性收入分别核算，未分别核算的，从高适用税率。

（四）跨年度业务

试点纳税人提供应税服务，按照国家有关营业税政策规定差额征收营业税的，因取得的全部价款和价外费用不足以抵减允许扣除项目金额，截至2011年12月31日尚未扣除的部分，不得在计算试点纳税人2012年1月1日后的销售额时予以抵减，应当向主管税务机关申请退还营业税。

试点纳税人在2011年12月31日（含）前签订的尚未执行完毕的租赁合同，在合同到期日之前继续按照现行营业税政策规定缴纳营业税。

试点纳税人提供应税服务在2011年底前已缴纳营业税，2012年1月1日后因发生退款减除营业额的，应当向主管税务机关申请退还已缴纳的营业税。

试点纳税人2011年底前提供的应税服务，因税收检查等原因需要补缴税款的，应按照现行营业税政策规定补缴营业税。

（五）航空运输企业的应税服务

除中国东方航空股份有限公司、上海航空有限公司、中国货运航空有限公司、春秋航空股份有限公司、上海吉祥航空股份有限公司、扬子江快运航空有限公司外，其他注册在试点地区的单位从事《试点实施办法》中《应税服务范围注释》规定的航空运输业务，不缴纳增值税，仍按照现行营业税政策规定缴纳营业税。

提供的旅客利用里程积分兑换的航空运输服务，不征收增值税。

根据国家指令无偿提供的航空运输服务，属于《试点实施办法》规定的以公益活动为目的的服务，不征收增值税。

试点航空企业的应征增值税销售额不包括代收的机场建设费和代售其他航空运输企业客票而代收转付的价款。

试点航空企业已售票但未提供航空运输服务取得的逾期票证收入，不属于增值税应税收入，不征收增值税。

四、税率和征收率

为适应试点地区增值税一般纳税人和小规模纳税人的分类管理，“营改增”改革对一般纳税人规定了适用的税率，对小规模纳税人规定了适用的征收率。

（一）增值税税率

试点地区的一般纳税人适用增值税税率。根据不同行业税负特点，试点地区不同的应税服务适用不同的税率，具体如下：

（1）提供有形动产租赁服务，税率为17%；

（2）提供交通运输业服务，税率为11%；

（3）提供现代服务业服务（有形动产租赁服务除外），税率为6%；

（4）财政部和国家税务总局规定的免税的应税服务，税率为零。

（二）征收率

试点地区的小规模纳税人经营规模小，会计核算不健全，无法按照凭增值税专用发票扣税的计税方法缴纳税款，因此，国家规定小规模纳税人实行按销售额与征收率计算应纳税额的简易征收办法。“营改增”试点改革的增值税征收率统一为3%。

（三）零税率

根据《财政部、国家税务总局关于应税服务使用增值税零税率和免税政策的通知》（财税［2011］131号）文件，应税服务适用增值税零税率的规定如下：

1. 试点地区的单位和个人提供的国际运输服务、向境外单位提供的研发服务和设计服务适用增值税零税率。

（1）国际运输服务，是指：①在境内载运旅客或者货物出境；②在境外载运旅客或者货物入境；③在境外载运旅客或者货物。

（2）试点地区的单位和个人适用增值税零税率，以水路运输方式提供国际运输服务的，应当取得《国际船舶运输经营许可证》；以陆路运输方式提供国际运输服务的，应当取得《道路运输经营许可证》和《国际汽车运输行车许可证》，且《道路运输经营许可证》的经营范围应当包括“国际运输”；以航空运输方式提供国际运输服务的，应当取得《公共航空运输企业经营许可证》且其经营范围应当包括“国际航空客货邮运输业务”。

（3）向境外单位提供的设计服务，不包括对境内不动产提供的设计服务。

（4）试点纳税人提供的往返台湾、香港、澳门的交通运输服务以及在台湾、香港、澳门提供的交通运输服务，适用增值税零税率。

2. 试点地区的单位和个人提供适用零税率的应税服务，如果属于适用增值税一般计税方法的，实行免抵退税办法；如果属于适用简易计税方法的，实行免征增值税办法。

3. 试点地区的单位和个人提供适用零税率的应税服务，按月向主管退税的税务机关申报办理增值税免抵退税或免税手续。目前暂按出口货物退（免）税申报系统中出口货物免抵退税申报表格式报送申报表和电子申报数据，申报填报表口径和方法由试点地区国税局另行明确。

（四）扣缴增值税适用税率

中华人民共和国境内的代理人和接受方为境外单位和个人扣缴增值税的，按照适用税率扣缴增值税。未与我国政府达成双边运输免税安排的国家和地区的单位或者个人，向境内单位或者个人提供的国际运输服务，试点期间扣缴义务人暂按3%的征收率代扣代缴增值税。

不同应税服务所对应的税率如表2－3所示。

表 2-3　　试点改革税目税率对应表

行业	服务类别		税率	征收率	扣缴适用税率
交通运输业	陆路运输服务	公路运输	11%	3%	3%
		缆车运输			
		索道运输			
		其他陆路运输			
	水路运输服务	包括远洋运输的程租、期租业务			
	航空运输服务	包括航空运输的湿租业务			
	管道运输服务				
	国际运输业务		0%		
部分现代服务业	研发和技术服务	研发服务	6%		
		技术转让服务			
		技术咨询服务			
		合同能源管理服务			
		工程勘察勘探服务			
		向境外单位提供的研发服务	0%		
	信息技术服务	软件服务	6%		
		电路设计及测试服务			
		信息系统服务			
		业务流程管理服务			
	文化创意服务	设计服务			
		商标著作权转让服务			
		知识产权服务			
		广告服务			
		会议展览服务			
		向境外单位提供的设计服务	0%		
	物流辅助服务	航空服务	6%		
		港口码头服务			
		货运客运场站服务			
		打捞救助服务			
		货物运输代理服务			
		代理报关服务			
		仓储服务			
		装卸搬运服务			

续表

<table>
<tr><th>行业</th><th colspan="2">服务类别</th><th>税率</th><th>征收率</th><th>扣缴适用税率</th></tr>
<tr><td rowspan="7">部分现代服务业</td><td rowspan="4">有形动产租赁服务</td><td>有形动产融资租赁</td><td rowspan="4">17%</td><td rowspan="7">3%</td><td rowspan="7">3%</td></tr>
<tr><td>有形动产经营性租赁</td></tr>
<tr><td>远洋运输的光租业务</td></tr>
<tr><td>航空运输的干租业务</td></tr>
<tr><td rowspan="3">鉴证咨询服务</td><td>认证服务</td><td rowspan="3">6%</td></tr>
<tr><td>鉴证服务</td></tr>
<tr><td>咨询服务</td></tr>
</table>

五、应纳税额的计算

（一）计税方法

增值税的计税方法，包括一般计税方法和简易计税方法。一般情况下，一般纳税人基本适用一般计税方法，小规模纳税人适用简易计税方法。

1. 一般计税方法

一般纳税人提供应税服务适用一般计税方法计税。一般计税方法的应纳税额，是指当期销项税额抵扣当期进项税额后的余额。应纳税额计算公式：

应纳税额 = 当期销项税额 - 当期进项税额

当期销项税额小于当期进项税额不足抵扣时，其不足部分可以结转下期继续抵扣。

2. 简易计税方法

小规模纳税人提供应税服务适用简易计税方法计税。简易计税方法的应纳税额，是指按照销售额和增值税征收率计算的增值税额，不得抵扣进项税额。应纳税额计算公式：

应纳税额 = 销售额 × 征收率

上述销售额为不含税销售额，征收率为 3%。

试点一般纳税人提供财政部和国家税务总局规定的特定应税服务，可以选择适用简易计税方法计税，但一经选择，36 个月内不得变更。

注释：

对于一项特定的应税服务，一般纳税人可以自行选择按一般计税方法还是按简易计税方法计算缴纳税款。

特定项目是指，一般纳税人提供的公共交通运输服务，包括轮客渡、公交客运、轨道交通和出租车。

长途客运、班车、地铁、城市轻轨服务也属于特定项目中的公共交通运输服务，一般纳税人提供上述服务，可选择按照简易计税方法计算缴纳增值税。

一般纳税人，以试点实施之前购进或者自制的有形动产为标的物提供的经营租赁业务，试点期间可以选择适用简易计税方法计算缴纳增值税。

被认定为动漫企业的试点纳税人中的一般纳税人，为开发动漫产品提供的动漫脚本编撰、形象设计、背景设计、动画设计、分镜、动画制作、摄制、描线、上色、画面合成、配音、配乐、音效合成、剪辑、字幕制作、压缩转码（面向网络动漫、手机动漫格式适配）服务，以及在境内转让动漫版权（包括动漫品牌、形象或者内容的授权及再授权），自试点开始实施之日至2012年12月31日，可以选择适用简易计税方法计算缴纳增值税，但一经选择，在此期间不得变更计税方法。表2－4对上述可选择简易计税方法的应税项目进行了比较。

表2－4　一般纳税人可选择简易计税方法的应税项目

应税服务	具体要求	适用期间
公共交通运输服务	轮客渡、公交客运、轨道交通、出租车、长途客运、班车、地铁、城市轻轨等	一经选择，36个月内不得变更
经营租赁业务	以试点实施之前购进或者自制的有形动产为标的物	试点期间
动漫企业提供的服务	为开发动漫产品提供的动漫脚本编撰、形象设计、背景设计、动画设计、分镜、动画制作、摄制、描线、上色、画面合成、配音、配乐、音效合成、剪辑、字幕制作、压缩转码服务	试点实施之日至2012年12月31日

3. 境外单位或者个人的计税方法

境外单位或者个人在境内提供应税服务，在境内未设有经营机构的，扣缴义务人按照下列公式计算应扣缴税额：

应扣缴税额 = 接受方支付的价款 ÷（1 + 税率）×税率

【案例2－6】 2012年11月，境外某公司A为北京市某一般纳税人B提供技术支持、咨询服务，合同约定的服务价款为320万元，A公司在北京市设有经营机构C，则C应当代扣代缴多少增值税？

【案例解析】：由于技术支持、咨询服务适用的税率为6%，所以，

应扣缴税额 = 接受方支付的价款 ÷（1 + 税率）×税率

= 320 ÷（1 + 6%）×6%

= 18.11（万元）

对于不同的试点纳税人适用的计税方法总结如表2－5所示：

表2－5　试点纳税人适用的计税方法

纳税人类别	应税服务	计税方法
一般纳税人	公共交通运输服务、经营租赁业务、动漫企业提供的服务以外的应税服务	一般计税方法：应纳税额 = 当期销项税额 - 当期进项税额
	公共交通运输服务、经营租赁业务、动漫企业提供的服务	简易计税方法：应纳税额 = 销售额×征收率
小规模纳税人	所有应税服务	简易计税方法：应纳税额 = 销售额×征收率
境外单位或个人	在境内提供的应税服务	应扣缴税额 = 接受方支付的价款 ÷（1 + 税率）×税率

（二）计税销售额的确定

在计缴税款时，税基的确定是关键。试点地区增值税的税基是在我国境内提供应税服务的单位或者个人所取得的应征增值税的销售额，简称计税销售额。

1. 销售额的一般规定

销售额，是指纳税人提供应税服务取得的全部价款和价外费用①。

① 《中华人民共和国增值税暂行条例》和《中华人民共和国营业税暂行条例》都对价外费用做了详尽的列举。

对于销售额的核算，应注意以下几点：

（1）纳税人提供适用不同税率或者征收率的应税服务，应当分别核算适用不同税率或者征收率的销售额；未分别核算的，从高适用税率。

（2）纳税人兼营营业税应税项目的，应当分别核算应税服务的销售额和营业税应税项目的营业额；未分别核算的，由主管税务机关核定应税服务的销售额。

（3）纳税人提供应税服务，将价款和折扣额在同一张发票上分别注明的，以折扣后的价款为销售额；未在同一张发票上分别注明的，以价款为销售额，不得扣减折扣额。

（4）试点纳税人兼有不同税率或者征收率的销售货物、提供加工修理修配劳务或者应税服务的，应当分别核算适用不同税率或征收率的销售额，未分别核算销售额的，按照以下方法适用税率或征收率：

①兼有不同税率的销售货物、提供加工修理修配劳务或者应税服务的，从高适用税率。

②兼有不同征收率的销售货物、提供加工修理修配劳务或者应税服务的，从高适用征收率。

③兼有不同税率和征收率的销售货物、提供加工修理修配劳务或者应税服务的，从高适用税率。

2. 计税销售额的扣除

（1）差额征税计税销售额的有关规定。试点纳税人提供应税服务，按照国家有关营业税政策规定差额征收营业税的，允许其以取得的全部价款和价外费用，扣除支付给非试点纳税人[①]价款后的余额为销售额。

注释：

根据《财政部、国家税务总局关于交通运输业和部分现代服务业营业税改征增值税试点若干税收政策的通知》（财税［2011］133号）第五条规定，试点纳税人中的一般纳税人支付给非试点纳税人的价款中不包括已抵扣进项税额的货物、加工修理修配劳务的价款。

① 非试点纳税人是指试点地区不按照《试点实施办法》缴纳增值税的纳税人和非试点地区的纳税人。

试点纳税人中的小规模纳税人提供交通运输业服务和国际货物运输代理服务，按照国家有关营业税政策规定差额征收营业税的，其支付给试点纳税人的价款，也允许从其取得的全部价款和价外费用中扣除。

试点纳税人中的一般纳税人提供国际货物运输代理服务，按照国家有关营业税政策规定差额征收营业税的，其支付给试点纳税人的价款，也允许从其取得的全部价款和价外费用中扣除；其支付给试点纳税人的价款，取得增值税专用发票的，不得从其取得的全部价款和价外费用中扣除。

允许扣除价款的项目，应当符合国家有关营业税差额征税政策规定。

（2）关于差额计税销售额的计算，可按照试点纳税人的不同类别分别进行确定，具体计算过程见表 2－6。

表 2－6　　差额计税销售额的计算表

<table>
<tr><th>试点纳税人</th><th>应税服务</th><th>销售额（1）</th><th>支付给试点纳税人的价款（2）</th><th>支付给非试点纳税人的价款（3）</th><th>计税销售额（4）</th></tr>
<tr><td rowspan="3">一般纳税人</td><td>交通运输业服务</td><td rowspan="6">取得的全部价款和价外费用</td><td>不允许扣除</td><td rowspan="3">允许扣除（不包括已抵扣进项税额的货物、加工修理修配劳务的价款）</td><td>（(1)－(3)）÷（1＋增值税税率或征收率）</td></tr>
<tr><td>国际货运代理服务</td><td>允许扣除（不包括取得增值税专用发票的价款）</td><td>（(1)－(2)－(3)）÷（1＋增值税税率）</td></tr>
<tr><td>其他应税服务</td><td>不允许扣除</td><td>（(1)－(3)）÷（1＋增值税税率）</td></tr>
<tr><td rowspan="3">小规模纳税人</td><td>交通运输业服务</td><td>允许扣除</td><td>允许扣除</td><td rowspan="2">（(1)－(2)－(3)）÷（1＋征收率）</td></tr>
<tr><td>国际货运代理服务</td><td>允许扣除</td><td>允许扣除</td></tr>
<tr><td>其他服务</td><td>不允许扣除</td><td>允许扣除</td><td>（(1)－(3)）÷（1＋征收率）</td></tr>
</table>

注：1. 上述试点纳税人仅指按照营业税政策进行差额征收营业税的试点纳税人；

2. 上述销售额（计税销售额除外）均假设为含税销售额；

3. 对于交通运输业服务中的部分服务，一般纳税人可选择简易计税方法缴纳税款。

（3）差额计税销售额的扣除管理。试点纳税人从全部价款和价外费用中扣除价款，应当取得符合法律、行政法规和国家税务总局有关规定的凭证。否则，不得扣除。

上述凭证是指：

①支付给境内单位或者个人的款项，且该单位或者个人发生的行为属于增值税或营业税征收范围的，以该单位或者个人开具的发票为合法有效凭证。

②支付的行政事业性收费或者政府性基金，以开具的财政票据为合法有效凭证。

③支付给境外单位或者个人的款项，以该单位或者个人的签收单据为合法有效凭证，税务机关对签收单据有疑义的，可以要求其提供境外公证机构的确认证明。

④国家税务总局规定的其他凭证。

3. 视同提供应税服务的销售额

纳税人提供应税服务的价格明显偏低或者偏高且不具有合理商业目的的，或者发生视同提供应税服务而无销售额的，主管税务机关有权按照下列顺序确定销售额：

（1）按照纳税人最近时期提供同类应税服务的平均价格确定。

（2）按照其他纳税人最近时期提供同类应税服务的平均价格确定。

（3）按照组成计税价格确定。组成计税价格的公式为：

组成计税价格 = 成本 ×（1 + 成本利润率）

成本利润率由国家税务总局确定。

注释：

（1）“不具有合理商业目的”是指违背立法意图，且主要目的在于获得包括减少、免除、推迟缴纳税款或税法规定的其他支付款项，或者增加返还、退税收入或税法规定的其他收入款项等税收利益。

（2）成本利润率可暂定为10%。

（三）一般纳税人应纳税额的计算

试点一般纳税人通常采用一般计税方法计算缴纳税款，一般纳税人提供应税服务的应纳税额，等于当期销项税额抵扣当期进项税额后的余额。公式为：

当期应纳税额 = 当期销项税额 - 当期进项税额

试点一般纳税人当期应纳税额的多少，取决于当期销项税额和当期进项税额这两个因素，因此，在计算应纳税额时应分别确定其销项税额和进项税额。

1. 进项税额的抵扣

销项税额和进项税额之间存在着对应的关系，销售方收取的销项税额就是购买方支付的进项税额。由于每一个纳税人都会有收取销项税额和支付进项税额的行为，故增值税的核心就是用纳税人收取的销项税额抵扣其支付的进项税额，其余额为纳税人实际应缴纳的增值税税额。

（1）准予从销项税额中抵扣的进项税额。根据《试点实施办法》第二十二条规定，下列进项税额准予从销项税额中抵扣：

①从销售方或者提供方取得的增值税专用发票上注明的增值税额。

②从海关取得的海关进口增值税专用缴款书上注明的增值税额。

③购进农产品，除取得增值税专用发票或者海关进口增值税专用缴款书外，按照农产品收购发票或者销售发票上注明的农产品买价和13%的扣除率计算的进项税额。计算公式为：

进项税额 = 买价 × 扣除率

买价，是指纳税人购进农产品在农产品收购发票或者销售发票上注明的价款和按照规定缴纳的烟叶税。

注释：

烟叶产品进项税额①的计算如下：

烟叶收购金额 = 烟叶收购价款 + 价外补贴 = 烟叶收购价款 ×（1 + 10%）

烟叶税应纳税额 = 烟叶收购金额 × 税率（20%）

准予抵扣的进项税额 =（烟叶收购金额 + 烟叶税应纳税额）× 扣除率（13%）

① 根据《中华人民共和国烟叶税暂行条例》和《财政部、国家税务总局印发〈关于烟叶税若干具体问题的规定〉的通知》（财税［2006］64号）文件的规定，烟叶的价外补贴统一暂按烟叶收购价款的10%计算。

④接受交通运输业服务，除取得增值税专用发票外，按照运输费用结算单据上注明的运输费用金额和7%的扣除率计算的进项税额。进项税额计算公式：

进项税额＝运输费用金额×扣除率

运输费用金额，是指运输费用结算单据上注明的运输费用（包括铁路临管线及铁路专线运输费用）、建设基金，不包括装卸费、保险费等其他杂费。

注释：

试点纳税人接受试点纳税人中的小规模纳税人提供的交通运输业服务，按照取得的增值税专用发票上注明的价税合计金额和7%的扣除率计算进项税额。

试点纳税人从试点地区取得的2012年1月1日（含）以后开具的运输费用结算单据（铁路运输费用结算单据除外），不得作为增值税扣税凭证。

从试点地区的小规模纳税人接受交通运输业服务，售票方可按代开的增值税专用发票上注明的运输费用金额和7%的扣除率计算抵扣进项税额，未取得代开的专用发票，则不得计算抵扣进项税额。

⑤接受境外单位或者个人提供的应税服务，从税务机关或者境内代理人取得的解缴税款的中华人民共和国税收通用缴款书（以下称通用缴款书）上注明的增值税额。

上述进项税额扣除的具体处理，如表2－7所示。

表2－7　　进项税额扣除分析表

涉及事项	扣税凭证	取得处	进项税额
购进货物、接受应税劳务或应税服务	增值税专用发票	一般纳税人	凭证注明金额
接受货物运输服务	货物运输业增值税专用发票	试点一般纳税人	
进口货物	海关进口增值税专用缴款书	海关	

续表

涉及事项	扣税凭证	取得处	进项税额
购进农产品	农产品销售发票	销售自产农产品的农业生产者	买价 × 扣除率（13%）
	增值税普通发票	小规模纳税人	
	农产品收购发票	零散经营的农户	
接受交通运输劳务	运输费用结算单据（包括税务机关代开的货物运输专用发票）	非试点地区的单位和个人	运输费用 × 扣除率（7%）
	税务机关代开的增值税专用发票	试点地区的小规模纳税人	凭证价税合计 × 扣除率（7%）
	增值税专用发票	试点地区的一般纳税人	凭证注明金额（适用11%税率）
接受境外单位或者个人提供的应税服务	通用税收缴款书	税务机关或者境内代理人	凭证注明金额

（2）不得扣除的进项税额。下列项目的进项税额不得从销项税额中抵扣：

①用于适用简易计税方法计税项目、非增值税应税项目、免征增值税项目、集体福利或者个人消费的购进货物、接受加工修理修配劳务或者应税服务。其中涉及的固定资产、专利技术、非专利技术、商誉、商标、著作权、有形动产租赁，仅指专用于上述项目的固定资产、专利技术、非专利技术、商誉、商标、著作权、有形动产租赁。

②非正常损失的购进货物及相关的加工修理修配劳务和交通运输业服务。

③非正常损失的在产品、产成品所耗用的购进货物（不包括固定资产）、加工修理修配劳务或者交通运输业服务。

④接受的旅客运输服务①。

⑤自用的应征消费税的摩托车、汽车、游艇，但作为提供交通运输业服务的运输工具和租赁服务标的物的除外。

① 对于一般纳税人购买的旅客运输劳务，难以准确地界定接受劳务的对象是企业还是个人，故一般纳税人接受的旅客运输劳务不得从销项税额中抵扣。

注释：

（1）上述所指非增值税应税项目，是指非增值税应税劳务、转让无形资产（专利技术、非专利技术、商誉、商标、著作权除外）、销售不动产以及不动产在建工程。

①非增值税应税劳务，是指《应税服务范围注释》所列项目以外的营业税应税劳务。

②不动产，是指不能移动或者移动后会引起性质、形状改变的财产，包括建筑物、构筑物和其他土地附着物。

③纳税人新建、改建、扩建、修缮、装饰不动产，均属于不动产在建工程。

（2）个人消费，包括纳税人的交际应酬消费。

（3）固定资产，是指使用期限超过12个月的机器、机械、运输工具以及其他与生产经营有关的设备、工具、器具等。

（4）非正常损失，是指因管理不善造成被盗、丢失、霉烂变质的损失，以及被执法部门依法没收或者强令自行销毁的货物。

有下列情形之一者，应当按照销售额和增值税税率计算应纳税额，不得抵扣进项税额，也不得使用增值税专用发票：

①一般纳税人会计核算不健全，或者不能够提供准确税务资料的。

②应当申请办理一般纳税人资格认定而未申请的。

纳税人取得的增值税扣税凭证不符合法律、行政法规或者国家税务总局有关规定的，其进项税额不得从销项税额中抵扣。

①增值税扣税凭证，是指增值税专用发票、海关进口增值税专用缴款书、农产品收购发票、农产品销售发票、运输费用结算单据和通用缴款书。

②纳税人凭通用缴款书抵扣进项税额的，应当具备书面合同、付款证明和境外单位的对账单或者发票。资料不全的，其进项税额不得从销项税额中抵扣。

（3）进项税额扣除的特殊规定：

①适用一般计税方法的纳税人，兼营简易计税方法计税项目、非增值税应

税劳务、免征增值税项目而无法划分不得抵扣的进项税额，按照下列公式计算不得抵扣的进项税额：

不得抵扣的进项税额 = 当期无法划分的全部进项税额 ×（当期简易计税方法计税项目销售额 + 非增值税应税劳务营业额 + 免征增值税项目销售额）÷（当期全部销售额 + 当期全部营业额）

主管税务机关可以按照上述公式依据年度数据对不得抵扣的进项税额进行清算。

②已抵扣进项税额的购进货物、接受加工修理修配劳务或者应税服务，发生不得抵扣进项税额情形（简易计税方法计税项目、非增值税应税劳务、免征增值税项目除外）的，应当将该进项税额从当期进项税额中扣减；无法确定该进项税额的，按照当期实际成本计算应扣减的进项税额。

【案例 2－7】 上海市某运输企业于 2012 年 1 月份购入一辆汽车作为企业的运输业务运输工具，车辆购入时不含税价格为 40 万元，取得的增值税专用发票上注明增值税款为 6.8 万元，当月该企业就对增值税专用发票进行了认证抵扣。2013 年 1 月，为了增进员工福利，将该车辆转作为接送员工上下班的工具。车辆的折旧期为四年，采用直线法计提折旧。该运输企业应扣减已抵扣的进项税额如下：

（1）由于需扣减的进项税额无法确定，应按照当期实际成本计算应扣减的进项税额，即应扣减的进项税额 = 6.8 ÷ 4 × 3 = 5.1（万元）；

（2）该进项税额应从当期的进项税额中扣减。假设该运输企业 2013 年 1 月可抵扣的进项税额为 100 万元，则实际可抵扣的进项税额 = 100 － 5.1 = 94.9（万元）。

（4）原增值税一般纳税人进项税额扣除的规定：

①原增值税一般纳税人接受试点纳税人提供的应税服务，取得的增值税专用发票上注明的增值税额为进项税额，准予从销项税额中抵扣。

②原增值税一般纳税人接受试点纳税人中的小规模纳税人提供的交通运输业服务，按照从提供方取得的增值税专用发票上注明的价税合计金额和 7% 的扣除率计算进项税额，从销项税额中抵扣。

③试点地区的原增值税一般纳税人接受境外单位或者个人提供的应税服务，按照规定应当扣缴增值税的，准予从销项税额中抵扣的进项税额为从税务

机关或者代理人取得的解缴税款的中华人民共和国税收通用缴款书上注明的增值税额。

上述纳税人凭通用缴款书抵扣进项税额的，应当具备书面合同、付款证明和境外单位的对账单或者发票。否则，进项税额不得从销项税额中抵扣。

④试点地区的原增值税一般纳税人购进货物或者接受加工修理修配劳务，用于《应税服务范围注释》所列项目的，不属于《中华人民共和国增值税暂行条例》（以下称《增值税条例》）第十条所称的用于非增值税应税项目，其进项税额准予从销项税额中抵扣。

⑤原增值税一般纳税人接受试点纳税人提供的应税服务，下列项目的进项税额不得从销项税额中抵扣：

用于简易计税方法计税项目、非增值税应税项目、免征增值税项目、集体福利或者个人消费，其中涉及的专利技术、非专利技术、商誉、商标、著作权、有形动产租赁，仅指专用于上述项目的专利技术、非专利技术、商誉、商标、著作权、有形动产租赁；接受的旅客运输服务；与非正常损失的购进货物相关的交通运输业服务；与非正常损失的在产品、产成品所耗用购进货物相关的交通运输业服务。

上述非增值税应税项目，对于试点地区的原增值税一般纳税人，是指《增值税条例》第十条所称的非增值税应税项目，但不包括《应税服务范围注释》所列项目；对于非试点地区的原增值税一般纳税人，是指《增值税条例》第十条所称的非增值税应税项目。

⑥原增值税一般纳税人从试点地区取得的2012年1月1日（含）以后开具的运输费用结算单据（铁路运输费用结算单据除外），一律不得作为增值税扣税凭证。

2. 应纳税额的计算

在明确了一般纳税人的销项税额和可抵扣的进项税额之后，即可按照相应的计算公式得出一般纳税人当期应缴纳的增值税额。为了准确计算当期的应纳税额，应当注意以下几个重要的概念。

（1）提供应税服务中止、折让的处理。纳税人提供的适用一般计税方法计税的应税服务，因服务中止或者折让而退还给购买方的增值税额，应当从当期的销项税额中扣减；发生服务中止、购进货物退出、折让而收回的增值税额，应当从当期的进项税额中扣减。

纳税人提供应税服务，开具增值税专用发票后，提供应税服务中止、折让、开票有误等情形，应当按照国家税务总局的规定开具红字增值税专用发票，未按照规定开具红字增值税专用发票的，不得扣减销项税额或者销售额。

（2）销售使用过的固定资产的处理。试点一般纳税人，销售自己使用过的2012年1月1日（含）以后购进或自制的固定资产，按照适用税率征收增值税；销售自己使用过的2011年12月31日（含）以前购进或者自制的固定资产，按照4%征收率减半征收增值税。

使用过的固定资产，是指纳税人根据财务会计制度已经计提折旧的固定资产。

【案例2-8】上海市一家税务咨询公司分别于2011年12月和2012年1月购进两批计算机设备，购进价款分别为20万元和30万元。2012年10月，该公司为了升级业务，决定将这两批计算机设备出售，出售价款（含税）分别为14万元和25万元。该公司应缴纳的增值税可计缴如下：

①对于2011年12月购入的计算机设备的出售，该公司应缴纳的增值税＝140 000÷（1+4%）×4%÷2＝2 692.31（元）。

②对于2012年1月购入的计算机设备的出售，该公司应计算的销项税额＝250 000÷（1+17%）×17%＝36 324.79（元）。

③注意：对于第一种情况，该公司应直接缴纳2 692.31元的增值税；对于第二种情况，该公司应将36 324.79元并入当期的销项税额中，按照扣除当期进项税额后的余额缴纳增值税。

（3）当期进项税额不足抵扣的处理。由于增值税实行购进扣税法，有时企业当期购进的货物或者接受的应税劳务和应税服务很多，在计算应纳税额时会出现当期销项税额小于当期进项税额不足抵扣的情况。根据税法规定，当期进项税额不足抵扣的部分可以结转至下期继续抵扣。

试点地区的原增值税一般纳税人兼有应税服务的，截止到2011年12月31日的增值税期末留抵税额，不得从应税服务的销项税额中抵扣。

（4）一般纳税人应纳税额计算实例：

【案例2-9】上海ABC运输公司是一家以货物运输为主的综合性运输企业，同时承接部分的远洋运输业务。它主要承揽江浙沪一带的内河运输业务，包括煤炭运输、水泥运输、粮食运输、钢材运输等。该公司于2012年3月发生如下经济业务：

①承揽上海至无锡、南京以及扬州至杭州的水泥运输业务，取得不含税收入520万元；

②承揽杭州至嘉兴、常州至温州的粮食运输业务，取得不含税收入200万元；

③接受国外某公司的委托，承接从中国到新加坡的钢材运输业务，取得不含税收入300万元；

④承揽远洋运输的光租业务，取得不含税收入100万元；

⑤转让一批于2010年购入的运输卡车8辆，作价80万元；

⑥将5辆小货车出租给某一小型运输企业，租期为3个月，取得租金收入20.6万元，由于该批小货车于2012年1月1日前购进，故该公司选择按照简易办法征税；

⑦当月购入300吨位的运砂船两艘，通过认证可抵扣的进项税额为68万元；购入5辆运输卡车并取得增值税专用发票，发票上注明价款为100万元，增值税为17万元；取得汽油进项发票40万元。

计算ABC公司当月应缴纳的增值税如下：

①2012年3月ABC公司销项税额 =（520 + 200 + 300）×11% + 100 × 17% = 129.2（万元）；

②转让运输卡车应缴纳的增值税 = 80 ÷（1 + 4%）×4% ÷ 2 = 1.54（万元）；

③取得租金应缴纳的增值税 = 20.6 ÷（1 + 3%）×3% = 0.6（万元）；

④当月可抵扣的进项税额 = 68 + 17 + 40 = 125（万元）；

⑤ABC公司当月应当缴纳的增值税 = 129.2 + 1.54 + 0.6 − 125 = 6.34（万元）。

（四）小规模纳税人应纳税额的计算

1. 应纳税额的计算

小规模纳税人提供应税服务，实行按照销售额和征收率计算应纳税额的简易办法，不得抵扣进项税额。其应纳税额计算公式为：

应纳税额 = 销售额 × 征收率

2. 含税销售额的换算

由于小规模纳税人在提供应税服务时，一般只能开具增值税普通发票，取得的销售收入均为含税销售额。因此，为了符合增值税作为价外税的要求，小规模纳税人在计算应纳税额时，必须将含税销售额换算为不含税的销售额后才能计算应纳税额。换算公式如下：

销售额＝含税销售额÷（1＋征收率）

试点地区的小规模纳税人所适用的征收率为3%。

【案例2－10】江苏省某小型会计师事务所为试点小规模纳税人，2012年11月取得会计、税务、资产评估等鉴证和咨询业务收入103万元。可计算该会计师事务所在11月应缴纳的增值税如下：

11月份取得的不含税销售额＝103÷（1＋3%）＝100（万元）；

11月份应缴纳的增值税＝100×3%＝3（万元）。

应当注意的是，小规模纳税人提供应税服务，因服务中止或者折让而退还给接受方的销售额，应当从当期销售额中扣减。扣减当期销售额后仍有余额，造成多缴的税款，可以从以后的应纳税额中扣减。

纳税人提供应税服务，开具增值税专用发票后，提供应税服务中止、折让、开票有误等情形，应当按照国家税务总局的规定开具红字增值税专用发票。未按照规定开具红字增值税专用发票的，不得扣减销售额。

【案例2－11】北京市某试点小规模纳税人仅从事提供会议展览服务的业务，2012年10月因提供一笔业务所取得的不含税销售额为10 000元，并缴纳增值税300元。2012年11月由于合理原因发生退款。当该纳税人11月份的不含税销售额分别为20 000元和8 000元时，其应当缴纳的增值税为多少？

（1）当11月份的不含税销售额为20 000元时：

11月份的销售额中应当先扣除退款10 000元后计缴增值税，（20 000－10 000）×3%＝300（元）。

（2）当11月份的不含税销售额为8 000元时：

在11月份的销售额中扣除退款中的8 000元，11月份该企业应缴纳的增值税为（8 000－8 000）×3%＝0。11月份不足扣减的2 000元而多缴纳的税款为2 000×3%＝60（元）可在12月份应缴纳的增值税额中扣除。

六、税收优惠

（一）试点期间的增值税优惠政策

交通运输业和部分现代服务业营业税改征增值税后，为实现试点纳税人原享受的营业税优惠政策平稳过渡，《试点过渡政策》和《财政部、国家税务总局关于应税服务适用增值税零税率和免税政策的通知》（财税［2011］131号）分别对增值税的优惠政策做出了相关规定。"营改增"试点改革中的税收优惠如表2－8所示。

表2－8　　"营改增"试点改革的税收优惠政策

优惠类型	具体内容
免征增值税项目	（1）个人转让著作权。
	（2）残疾人个人提供应税服务。
	（3）航空公司提供飞机播洒农药服务。
	（4）试点纳税人提供技术转让、技术开发和与之相关的技术咨询、技术服务。
	（5）符合条件的节能服务公司实施合同能源管理项目中提供的应税服务。
	（6）自2012年1月1日起至2013年12月31日，注册在上海的企业从事离岸服务外包业务中提供的应税服务；自2012年11月1日起，注册在平潭的试点纳税人从事离岸服务外包业务中提供的应税服务。
	（7）台湾航运公司从事海峡两岸海上直航业务在大陆取得的运输收入。
	（8）台湾航空公司从事海峡两岸空中直航业务在大陆取得的运输收入。
	（9）美国ABS船级社在非营利宗旨不变、中国船级社在美国享受同等免税待遇的前提下，在中国境内提供的船检服务。
	（10）随军家属就业。
	（11）军队转业干部就业。
	（12）城镇退役士兵就业。
	（13）失业人员就业。
	（14）2013年12月31日之前，广播电影电视行政主管部门（包括中央、省、地市及县级）按照各自职能权限批准从事电影制片、发行、放映的电影集团公司（含成员企业）、电影制片厂及其他电影企业，属于试点纳税人的，对其转让电影版权免征增值税。

续表

优惠类型	具体内容
即征即退项目	(1) 注册在洋山保税港区和天津市东疆保税港区内的试点纳税人提供的国内货物运输服务、仓储服务和装卸搬运服务。
	(2) 安置残疾人的单位，实行由税务机关按照单位实际安置残疾人的人数，限额即征即退增值税的办法。
	(3) 试点纳税人中的一般纳税人提供管道运输服务，对其增值税实际税负超过3%的部分实行增值税即征即退政策。
	(4) 经人民银行、银监会、商务部批准经营融资租赁业务的试点纳税人中的一般纳税人提供有形动产融资租赁服务，对其增值税实际税负超过3%的部分实行增值税即征即退政策。
财税[2011]131号文件的免税规定	(1) 工程、矿产资源在境外的工程勘察勘探服务。
	(2) 会议展览地点在境外的会议展览服务。
	(3) 存储地点在境外的仓储服务。
	(4) 标的物在境外使用的有形动产租赁服务。
	(5) 符合条件①的国际运输服务。
	(6) 向境外单位提供的下列应税服务： ①技术转让服务、技术咨询服务、合同能源管理服务、软件服务、电路设计及测试服务、信息系统服务、业务流程管理服务、商标著作权转让服务、知识产权服务、物流辅助服务（仓储服务除外）、认证服务、鉴证服务、咨询服务。但不包括：合同标的物在境内的合同能源管理服务，对境内货物或不动产的认证服务、鉴证服务和咨询服务。 ②广告投放地在境外的广告服务。

（二）增值税的起征点

增值税起征点的规定涉及征税范围的大小问题，个人提供应税服务的销售额未达到增值税起征点的，免征增值税；达到起征点的，全额计算缴纳增值税。《试点实施办法》对试点纳税人增值税起征点的幅度规定如下：

（1）按期纳税的，为月应税销售额5 000~20 000元（含本数）。

① 该“条件”是指，符合财税［2011］131号文件第一条第（一）项规定但不符合第一条第（二）项规定。

(2) 按次纳税的，为每次（日）销售额300~500元（含本数）。

起征点的调整由财政部和国家税务总局规定。省、自治区、直辖市财政厅（局）和国家税务局应当在规定的幅度内，根据实际情况确定本地区适用的起征点，并报财政部和国家税务总局备案。

应当注意的是：①上述所称销售额为不含税销售额；②增值税起征点的规定仅适用于个人，不适用于认定为一般纳税人的个体工商户。

【案例2-12】 上海市某个体工商户提供装卸搬运服务，是"营改增"试点改革的小规模纳税人。该个体工商户2012年8月和9月取得的装卸搬运服务收入分别为18 000元和25 000元，假定上海市规定的提供应税服务的起征点为20 000元，请问该个体工商户在8月和9月应分别缴纳多少增值税？

(1) 8月和9月的不含税销售额分别为：18 000 ÷ (1+3%) =17 475.73（元）；25 000 ÷ (1+3%) =24 271.85（元）。

(2) 由于该纳税人适用的增值税起征点为20 000元，8月份的销售额未达到起征点，故8月份无须缴纳增值税；9月份的销售额24 271.85>20 000，超过了起征点，故该纳税人9月份应缴纳的增值税为：24 271.85×3% = 728.16（元）。

（三）其他有关减免税的规定

1. 减免税的税务处理

(1) 适用直接免征增值税的，纳税人在购买用于免征增值税项目的货物或者应税服务时，进项税额不得抵扣，同时，提供免税应税服务不得开具增值税专用发票。

(2) 适用增值税即征即退的，纳税人可以开具增值税专用发票，并照常计算销项税额、进项税额和应纳税额。

(3) 纳税人兼营免税、减税项目的，应当分别核算免税、减税项目的销售额；未分别核算的，不得免税、减税。

(4) 2011年12月31日（含）前，如果试点纳税人已经按照有关政策规定享受了营业税税收优惠，在剩余税收优惠政策期限内，可按照《试点过渡政策》享受有关增值税优惠。

2. 放弃减免税的规定

纳税人提供应税服务适用免税、减税规定的，可以放弃免税、减税，依照

《试点实施办法》的规定缴纳增值税。放弃免税、减税后，36个月内不得再申请免税、减税。

放弃免税权的具体操作①如下：

（1）试点纳税人要求放弃免税权，应当以书面形式提交放弃免税权声明，报主管税务机关备案。纳税人自提交备案资料的次月起，按照《试点实施办法》有关规定缴纳增值税。

（2）放弃免税权的纳税人符合一般纳税人认定条件尚未认定为增值税一般纳税人的，应按现行规定认定为增值税一般纳税人，其销售的货物或劳务可开具增值税专用发票。

（3）纳税人一经放弃免税权，其提供的全部增值税应税服务均应按照适用税率征税，不得选择某一免税项目放弃免税权，也不得根据不同的销售对象选择部分应税服务放弃免税权。

（4）纳税人在免税期购进用于免税项目的货物、应税劳务或应税服务所取得的增值税扣税凭证，一律不得抵扣。

【案例2-13】上海某一航空公司为试点一般纳税人，取得《公共航空运输企业经营许可证》，其主要经营范围为：国内和经批准的地区客、货、邮、行李运输业务及延伸业务，通用航空业务，航空器维修等。2012年4月，该航空公司取得的业务收入明细如下：国内航空运输业务收入111万元；国际运输业务收入33.3万元；国内飞机播洒农药收入22.2万元。当月取得可抵扣的增值税进项税额为10万元，则该航空公司在2012年4月应当缴纳的增值税是多少？

（1）根据《试点过渡政策》的规定，航空公司提供飞机播洒农药服务免征增值税，故该航空公司无需因该笔业务缴纳增值税。

（2）由于该航空公司取得《公共航空运输企业经营许可证》且其经营范围不包括国际航空客货邮运输业务，因此，该航空公司提供的国际运输服务属于免税项目，无需缴纳增值税。

（3）该航空公司当期的销项税额 = 111 ÷（1 + 11%）× 11% = 11（万

① 《财政部、国家税务总局关于增值税纳税人放弃免税权有关问题的通知》（财税［2007］127号）规定了增值税纳税人放弃免税权的具体规定。

元)；故当期应缴纳的增值税 = 11 - 10 = 1（万元）。

同时，应当注意的是，若该航空公司的经营范围包括了国际航空客货邮运输业务，则根据《试点过度政策》的规定，该航空公司提供国际运输服务时适用增值税零税率，而不是免征增值税。另外，航空公司提供飞机播洒农药服务业务收入应与其他收入分开核算，否则不能享受免征增值税税收优惠。

七、征收管理

（一）纳税义务发生时间

纳税义务发生时间，是纳税人发生应税行为应当承担纳税义务的起始时间。试点纳税人提供应税服务的纳税义务发生时间的有关规定如下：

（1）纳税人提供应税服务并收讫销售款项或者取得索取销售款项凭据的当天；先开具发票的，为开具发票的当天。

收讫销售款项，是指纳税人提供应税服务过程中或者完成后收到款项。

取得索取销售款项凭据的当天，是指书面合同确定的付款日期；未签订书面合同或者书面合同未确定付款日期的，为应税服务完成的当天。

（2）纳税人提供有形动产租赁服务采取预收款方式的，其纳税义务发生时间为收到预收款的当天。

（3）纳税人发生视同提供应税服务的，其纳税义务发生时间为应税服务完成的当天。

（4）增值税扣缴义务发生时间为纳税人增值税纳税义务发生的当天。

注释：

（1）与原营业税纳税义务发生时间相比，“营改增”改革试点的增值税纳税义务发生时间增加了“先开具发票的，为开具发票的当天”的规定。

（2）试点纳税人除提供有形动产租赁服务之外，应税服务的预收款不能以收到款项的当天确认为纳税义务发生时间。纳税人提供应税服务收到预收款的，应当按照财务会计制度的规定，在该项价款被确认为收入时确定增值税的纳税义务发生时间。

（二）纳税地点

纳税地点，是指纳税人依据税法规定向征税机关申报纳税的具体地点。它说明了纳税人应向哪里的税务机关申报纳税，以及哪里的征税机关有权进行税收管辖的问题。

本次“营改增”试点改革的纳税地点的有关规定如下：

（1）固定业户应当向其机构所在地或者居住地主管税务机关申报纳税。总机构和分支机构不在同一县（市）的，应当分别向各自所在地的主管税务机关申报纳税；经财政部和国家税务总局或者其授权的财政和税务机关批准，可以由总机构合并向总机构所在地的主管税务机关申报纳税。

（2）非固定业户应当向应税服务发生地主管税务机关申报纳税；未申报纳税的，由其机构所在地或者居住地主管税务机关补征税款。

（3）扣缴义务人应当向其机构所在地或者居住地主管税务机关申报缴纳其扣缴的税款。

注释：

对于非固定业户，其在试点地区提供应税服务，应当向试点地区主管税务机关申报缴纳增值税；未申报纳税的，其机构所在地或者居住地为非试点地区的，由非试点地区的主管税务机关按照《营业税暂行条例》及其实施细则的有关规定，补征营业税。

机构所在地或者居住地在试点地区的非固定业户在非试点地区提供应税服务，应当向其机构所在地或者居住地主管税务机关申报缴纳增值税。

其他个人因未办理税务登记，应作为非固定业户处理，应当向应税服务发生地主管税务机关申报纳税。

对于非固定业户缴纳税款的具体分析如表2－9所示。

表 2－9　　非固定业户纳税地点与缴税情况

机构所在地 应税服务地		机构所在地或者居住地	
		试点地区	非试点地区
应税服务提供地	试点地区	试点地区，缴纳增值税	在试点地区缴纳增值税；由机构所在地或居住地补征营业税
	非试点地区	试点地区，缴纳增值税	不属于应税服务，在非试点地区缴纳营业税

（三）纳税期限

纳税期限是指纳税人发生纳税义务后向国家缴纳税款的时间限度。纳税计算期是纳税人、扣缴义务人据以计算解缴税款的期间，一般分为：

（1）按次计算，以纳税人、扣缴义务人从事生产经营活动的次数作为纳税计算期；

（2）按期计算，以发生纳税义务、扣缴义务的一定期间作为纳税计算期。具体的纳税计算期，通常是在办理税务登记以后由税务机关根据其税务登记的情况在税收法律行政法规规定的范围内分别核定。《试点实施办法》第四十三条分别规定了试点纳税人的纳税期限和纳税计算期。

增值税的纳税期限分别为 1 日、3 日、5 日、10 日、15 日、1 个月或者 1 个季度。纳税人的具体纳税期限，由主管税务机关根据纳税人应纳税额的大小分别核定。以 1 个季度为纳税期限的规定适用于小规模纳税人以及财政部和国家税务总局规定的其他纳税人。不能按照固定期限纳税的，可以按次纳税。

纳税人以 1 个月或者 1 个季度为 1 个纳税期的，自期满之日起 15 日内申报纳税；以 1 日、3 日、5 日、10 日或者 15 日为 1 个纳税期的，自期满之日起 5 日内预缴税款，于次月 1 日起 15 日内申报纳税并结清上月应纳税款。

扣缴义务人解缴税款的期限，按照前两款规定执行。

（四）纳税申报

部分地区实行“营改增”试点改革之后，增值税的纳税申报也需要做出相应的调整。调整内容主要包括非试点地区接受试点地区纳税人提供的应税服务时的纳税申报、试点地区一般纳税人的纳税申报和试点地区小规模纳税人的纳税申报。

1. 非试点地区纳税申报的调整内容

（1）非试点地区增值税一般纳税人纳税申报表不作调整。具体包括：《增值税纳税申报表（适用于增值税一般纳税人）》；《增值税纳税申报表附列资料（表一）、（表二）》和《固定资产进项税额抵扣情况表》。其中：《增值税纳税申报表（适用于增值税一般纳税人）》、《增值税纳税申报表附列资料（表一）》和《固定资产进项税额抵扣情况表》仍按原填表说明填写。

（2）《增值税纳税申报表附列资料（表二）》填表说明增加如下内容：

①接受试点纳税人提供的部分现代服务业服务，取得的《增值税专用发票》，填入第2栏“本期认证相符且本期申报抵扣”。辅导期一般纳税人按稽核比对结果通知书及其明细清单注明的稽核相符、允许抵扣的进项税额，填入第3栏“前期认证相符且本期申报抵扣”。

②接受试点纳税人提供的交通运输业服务，取得的《货物运输业增值税专用发票》，填入第8栏“运输费用结算单据”；第8栏“金额”：按《货物运输业增值税专用发票》“合计金额”栏数据填写；第8栏“税额”：《货物运输业增值税专用发票》“税率”栏为“11%”的，按《货物运输业增值税专用发票》“税额”栏数据填写；“税率”栏为其他情况的，按《货物运输业增值税专用发票》“价税合计”栏数据乘以7%扣除率计算填写。

③“二、进项税额转出额”（第13栏至第21栏）增加已经抵扣按税法规定应作进项税额转出的应税服务进项税额。

④“三、待抵扣进项税额”（第22栏至第34栏）增加纳税人已经取得或认证相符，按税法规定不符合抵扣条件，暂不予在本期申报抵扣和按照税法规定不允许抵扣的应税服务进项税额。

（3）非试点地区增值税小规模纳税人纳税申报不作调整。

2. 试点地区纳税人的纳税申报

试点地区的增值税纳税人均须进行纳税申报。上海市的增值税纳税申报由上海市国家税务局确定，报国家税务总局备案。北京等8省市的增值税纳税申报按照《国家税务总局关于北京等8省市营业税改征增值税试点增值税纳税申报有关事项的公告》（国家税务总局公告2012年第43号）的规定执行。

八、发票管理

发票是所有单位或个人在购销商品、提供或者接受劳务以及从事其他经营活动时，提供给对方的收付款证明，它是财务收支的法定凭证，是会计核算的原始依据，是税务检查的基本要素。

在增值税的征收管理中，主要涉及增值税专用发票、增值税普通发票、专业发票以及税收缴款书等。专业发票主要有：

（1）国有金融、保险企业的存货、汇兑、转账凭证，保险凭证；

（2）国有邮政、电信企业的邮票、邮单、话务、电报收据；

（3）国有铁路、民用航空企业和交通部门、国有公路、水上运输企业的客票、货票等。税收缴款书主要包括海关进口增值税专用缴款书和税收通用缴款书。

（一）发票的使用

根据《关于营业税改征增值税试点有关税收征收管理问题的公告》（国家税务总局公告2011年第77号）以及《国家税务总局关于北京等8省市营业税改征增值税试点有关税收征收管理问题的公告》（国家税务总局公告2012年第42号）的规定，发票的适用情况如下：

（1）自试点地区试点实施之日起，试点地区一般纳税人从事增值税应税行为（提供货物运输服务除外）统一使用增值税专用发票和增值税普通发票，一般纳税人提供货物运输服务统一使用货物运输业增值税专用发票（以下简称货运专用发票）和普通发票。

小规模纳税人提供货物运输服务，接受方索取货运专用发票的，可向主管税务机关申请代开货运专用发票。代开货运专用发票按照代开专用发票的有关规定执行。

（2）自试点地区试点实施之日起，试点地区纳税人不得开具公路、内河货物运输业统一发票。

（3）试点地区提供港口码头服务、货运客运场站服务、装卸搬运服务以及旅客运输服务的一般纳税人可以选择使用定额普通发票。

（4）试点地区从事国际货物运输代理业务的一般纳税人，应使用六联增值税专用发票或五联增值税普通发票，其中第四联用作购付汇；从事国际货物运输代理业务的小规模纳税人开具的普通发票第四联用作购付汇。

(5) 纳税人于试点地区试点实施之日前提供改征增值税的营业税应税服务并开具发票后，如发生服务中止、折让、开票有误等，且不符合发票作废条件的，应开具红字普通发票，不得开具红字专用发票和红字货运专用发票。对于需重新开具发票的，应开具普通发票，不得开具专用发票和货运专用发票。

(二) 增值税专用发票的管理和使用①

增值税实行的是凭国家印发的增值税专用发票注明的税款进行抵扣的制度。专用发票，是一般纳税人销售货物或者提供应税劳务开具的发票，是购买方支付增值税额并可按照增值税有关规定据以抵扣增值税进项税额的凭证。专用发票不仅是纳税人经济活动中的重要商业凭证，而且是兼记销货方销项税额和购货方进项税额进行税款抵扣的凭证，对增值税的计算和管理起着决定性的作用。

1. 增值税专用发票领购使用范围

增值税专用发票只限于增值税的一般纳税人领购使用。增值税的小规模纳税人和非增值税纳税人不得领购使用。

一般纳税人凭《发票领购簿》、IC卡和经办人身份证明领购专用发票。一般纳税人有下列情形之一者，不得领购使用专用发票：

(1) 会计核算不健全，即不能按会计制度和税务机关的要求准确核算增值税的销项税额、进项税额和应纳税额者。

(2) 不能向税务机关准确提供增值税销项税额、进项税额、应纳税额数据及其他有关增值税税务资料者。

(3) 有以下行为，经税务机关责令限期改正而仍未改正者：①私自印制专用发票；②向个人或税务机关以外的单位买取专用发票；③借用他人专用发票；④向他人提供专用发票；⑤未按规定开具专用发票；⑥未按规定保管专用发票；⑦未按规定申报专用发票的购、用、存情况；⑧未按规定接受税务机关检查。

(4) 销售的货物全部属于免税项目者。有上列情形的一般纳税人如已领

---

① 《国家税务总局关于修订〈增值税专用发票使用规定〉的通知》(国税发［2006］156号)对增值税专用发票的管理和使用做出了明确的规定。

购使用专用发票，税务机关应收缴其结存的专用发票。

另外，税法还规定，纳税人当月购买专用发票而未申报纳税的，税务机关不得向其发售专用发票。

2. 增值税专用发票的开票范围

一般纳税人销售货物或者提供应税劳务以及应税服务，应向购买方开具专用发票。小规模纳税人销售货物、提供应税劳务或者提供应税服务，接受方索取增值税专用发票的，可以向主管税务机关申请代开。

（1）《增值税专用发票使用规定》的规定：

①商业企业一般纳税人零售的烟、酒、食品、服装、鞋帽（不包括劳保专用部分）、化妆品等消费品不得开具专用发票。

②销售免税货物不得开具专用发票，法律、法规及国家税务总局另有规定的除外。

（2）《试点实施办法》的规定：纳税人提供应税劳务，应当向索取增值税专用发票的接受方开具增值税专用发票，并在增值税专用发票上分别注明销售额和销项税额。

属于下列情形之一的，不得开具增值税专用发票：

①向消费者个人提供应税服务；

②适用免征增值税规定的应税服务。

3. 专用发票不得作为进项税额抵扣凭证的情形

（1）有下列情形之一的，不得作为增值税进项税额的抵扣凭证。经认证，有下列情形之一的，不得作为增值税进项税额的抵扣凭证，税务机关退换原件，购买方可要求销售方重新开具专用发票：①无法认证；②纳税人识别号认证不符；③专用发票代码、号码认证不符。

（2）有下列情形之一的，暂不得作为增值税进项税额的抵扣凭证。经认证，有下列情形之一的，暂不得作为增值税进项税额的抵扣凭证，税务机关扣留原件，查明原因，分别情况进行处理：①重复认证；②密文有误；③认证不符；④列为失控专用发票。

4. 开具专用发票后发生退货或开票有误的处理

（1）一般纳税人在开具专用发票当月，发生销货退回、开票有误等情形，收到退回的发票联、抵扣联符合作废条件的，按作废处理；开具时发现有误的，可即时作废。

作废专用发票须在防伪税控系统中将相应的数据电文按“作废”处理，在纸质专用发票（含未打印的专用发票）各联次上注明“作废”字样，全联次留存。

（2）一般纳税人取得专用发票后，发生销货退回、开票有误等情况需要开具红字专用发票的，视不同情况分别处理：

①因专用发票抵扣联、发票联均无法认证的，由购买方填报《开具红字增值税专用发票申请单》，并在申请单上填写具体原因以及相对应蓝字专用发票的信息，主管税务机关审核后出具《开具红字增值税专用发票通知单》。购买方不作进项税额转出处理。

②购买方所购货物不属于增值税扣税项目范围，取得的专用发票未经认证的，由购买方填报申请单，并在申请单上填写具体通知单。

③因开票有误购买方拒收专用发票的，销售方须在专用发票认证期限内向主管税务机关填报申请单，并在申请单上填写具体原因以及相对应蓝字专用发票的信息，同时提供由购买方出具的写明拒收理由、错误具体项目以及正确内容的书面材料，主管税务机关审核确认后出具通知单。销售方凭通知单开具红字专用发票。

④因开票有误等原因尚未将专业发票交付购买方的，销售方须在开具有误专用发票的次月内向主管税务机关填报申请单，并在申请单上填写具体原因以及相对应蓝字专用发票的信息，同时提供由销售方出具的写明具体理由、错误具体项目以及正确内容的书面材料，主管税务机关审核确认后出具通知单。销售方凭通知单开具红字专用发票。

⑤发生销货退回或销售折让的，除按照有关规定办理外，销售方还应在开具红字发票后将该笔业务的相应记账凭证复印件报送主管税务机关备案。

（三）货物运输业增值税专用发票的管理

在“营改增”的试点改革中，国家税务总局设计并统一印制了货物运输业增值税专用发票。一般纳税人在接受试点纳税人提供的交通运输业服务时，应当从试点纳税人处取得货物运输业增值税专用发票（以下简称货运专用发票）作为抵扣进项税额的凭据。

1. 货运专用发票的开具

（1）一般纳税人提供应税货物运输服务使用货运专用发票，提供其他应税项目、免税项目或非增值税应税项目不得使用货运专用发票。

（2）货运专用发票中“承运人及纳税人识别号”栏内容为提供货物运输服务、开具货运专用发票的一般纳税人信息；“实际受票方及纳税人识别号”栏内容为实际负担运输费用、抵扣进项税额的一般纳税人信息；“费用项目及金额”栏内容为应税货物运输服务明细项目不含增值税额的销售额；“合计金额”栏内容为应税货物运输服务项目不含增值税额的销售额合计；“税率”栏内容为增值税税率；“税额”栏为按照应税货物运输服务项目不含增值税额的销售额和增值税税率计算的增值税额；“价税合计（大写）（小写）”栏内容为不含增值税额的销售额和增值税额的合计；“机器编号”栏内容为货物运输业增值税专用发票税控系统税控盘编号。

（3）税务机关在代开货运专用发票时，货物运输业增值税专用发票税控系统在货运专用发票左上角自动打印“代开”字样；货运专用发票“费用项目及金额”栏内容为应税货物运输服务明细项目含增值税额的销售额；“合计金额”栏和“价税合计（大写）（小写）”栏内容为应税货物运输服务项目含增值税额的销售额合计；“税率”栏和“税额”栏均自动打印“****”；“备注”栏打印税收完税凭证号码。

（4）一般纳税人提供货物运输服务，开具货运专用发票后，发生应税服务中止、折让、开票有误以及发票抵扣联、发票联均无法认证等情形，且不符合发票作废条件的，需要开具红字货运专用发票的，实际受票方或承运人应向主管税务机关填报《开具红字货物运输业增值税专用发票申请单》，经主管税务机关审核后，出具《开具红字货物运输业增值税专用发票通知单》（以下简称《通知单》）。

承运方凭《通知单》在货物运输业增值税专用发票税控系统中以销项负数开具红字货运专用发票。《通知单》暂不通过系统开具和管理，其他事项按照现行红字专用发票有关规定执行。

2. 货运专用发票管理的相关规定

（1）货运专用发票暂不纳入失控发票快速反应机制管理。

（2）货运专用发票的认证结果、稽核结果分类暂与公路、内河货物运输业统一发票一致，认证、稽核异常货运专用发票的处理暂按照现行公路、内河货物运输业统一发票的有关规定执行。

（3）对稽核异常的货运专用发票的审核检查暂按照现行公路、内河货物运输业统一发票的有关规定执行。

（四）代开发票的管理

1. 代开增值税专用发票

小规模纳税人申请代开增值税专用发票的，税务机关应当先征收小规模纳税人应缴纳的税款，再开具增值税专用发票。若小规模纳税人的销售额未达到起征点的，不得申请开具增值税专用发票，只能申请代开《税务机关代开统一发票》。

一般纳税人适用代开发票抵扣进项税额的，应逐一填写《代开发票抵扣清单》，在进行增值税纳税申报时随同纳税申报表一并报送。

2. 代开普通发票

小规模纳税人申请代开《税务机关代开统一发票》（国、地税）的，若销售额未达到增值税起征点的，税务机关只代开发票，不征税。但根据代开发票记录，属于同一申请代开发票的单位或个人，在一个纳税期内累计开票金额达到月销售额起征点的，应在达到起征点的当次一并计算征税。

3. 代开货运专用发票

小规模纳税人提供货物运输服务，接受方索取货运专用发票的，可向主管税务机关申请代开货运专用发票。对代开货运专用发票的管理比照代开增值税专用发票的规定进行。

第三章　“营改增”会计操作实务

一、会计科目设置与账簿记录

（一）一般纳税人会计科目的设置

1. “应交税费——应交增值税”账户

为了核算增值税的应交、抵扣、已交、退税及转出等情况，应在“应交税费”科目下设置“应交增值税”和“未交增值税”两个明细科目。在“应交增值税”明细账中，应设置“进项税额”、“已交税金”、“销项税额”、“出口退税”、“进项税额转出”、“减免税款”、“出口抵减内销产品应纳税额”、“转出未交增值税”、“转出多交增值税”等专栏。过渡期，一般纳税人还应增设“营改增抵减的销项税额”一栏，具体使用请见“过渡期特殊业务会计处理”一节。

各专栏的主要内容如下：

第一，“进项税额”专栏主要记录企业购入货物或接受应税劳务而支付的、准予从销项税额中抵扣的增值税额。企业购进货物、固定资产或接受应税劳务支付的进项税额，用蓝字登记；退回所购货物应冲销的进项税额，用红字登记。

第二，“已交税金”专栏记录企业已缴纳的增值税额。企业已缴纳的增值税额用蓝字登记；退回多缴的增值税额用红字登记。期末如果贷方合计大于借方合计，为贷方余额，表示纳税人尚未缴纳的增值税额，应在规定的期限内缴纳税款；如果借方合计大于贷方合计，则为借方余额，表示纳税人尚未抵扣或多缴的增值税额，可在以后各期的销项税额中继续抵扣；如果借、贷方合计数相等，余额为零，则表示纳税人已结清了税款。

第三，“销项税额”专栏记录企业销售货物、固定资产或提供应税劳务应收取的增值税额。企业销售货物或提供应税劳务应收取的销项税额，用蓝字登记；退回销售货物应冲销的销项税额，用红字登记。

第四，“出口退税”专栏记录企业出口适用零税率的货物，向海关办理报关出口手续后，凭出口报关单等有关凭证，向税务机关办理退税而收到退回的税款。出口货物退回的增值税额，用蓝字登记；出口货物办理退税后发生退货或者退关而补交已退的增值税款，用红字登记。

第五，“进项税额转出”专栏记录企业的购进货物、在产品、产成品、固定资产等发生非正常损失以及其他原因时，不能从销项税额中抵扣而按规定应该转出的进项税额。

第六，“减免税款”专栏记录企业经主管税务机关批准，实际减免的增值税额。

第七，“出口抵减内销产品应纳税额”专栏记录企业按规定的退税率计算的出口货物的进项税额抵减内销产品的应纳税额。

第八，“转出未交增值税”专栏记录企业月终将当月发生的应交未交增值税转出的金额。

第九，“转出多交增值税”专栏记录企业月终将当月多交的增值税转出的金额。

“出口退税”和“进项税额转出”之所以登记在贷方，是因为“出口退税”退的是已经缴纳的进项税额，应当抵减登记在借方的进项税额，但为了使出口退税的核算有一个完整的全貌，以便了解退税总额，将其单独作为一栏设在贷方；“进项税额转出”转出的是已记入借方“进项税额”又因各种原因不得抵扣而应当转出的税额，为了便于了解转出税额的核算情况及其转出总额，也将其单独作为一栏设在贷方，即“出口退税”与“进项税额转出”两个专栏是作为“进项税额”的抵减项目设在账户的相反方向，以示冲销。

2. “应交税费——未交增值税”账户

“应交税费——未交增值税”账户的借方发生额，反映企业上交以前月份未交的增值税额和月末自“应交税费——应交增值税”账户转入的当月多交的增值税额；“应交税费——未交增值税”账户的贷方发生额，反映企业月末自“应交税费——应交增值税”账户转入的当月未交的增值税额；“应交税费——未交增值税”账户的期末余额，借方反映企业多交的增值税，贷方反映企业未交的增值税。

（二）设置"应交增值税"三栏式明细账

采用三栏式明细账，根据增值税的计税特点与计算要求，纳税人除了在"应交税金"总账科目下设置"应交增值税"明细科目外，还应设置"应交增值税"多栏式明细账，即设有"进项税额"、"已交税金"、"销项税额"、"出口抵减内销产品应纳税额"、"出口退税"、"进项税额转出"等专栏的明细分类账。其基本格式如表3－1所示：

表3－1

借方						贷方					余额
合计	进项税额	已交税金	减免税款	出口抵减内销产品应纳税额	转出未交增值税	合计	销项税额	出口退税	进项税额转出	转出多交增值税	

在日常经济业务发生时，先记入有关的三栏式明细账户，期末，将"进项税额"和"已交税金"等账户的余额，分别转入"应交增值税"账户的借方，将"销项税额"、"出口退税"、"进项税额转出"等账户的余额，分别转入"应交增值税"账户的贷方。借、贷方发生额相抵之后若为贷方余额，表示纳税人尚未交纳的增值税额；若为借方余额，表示纳税人尚未抵扣或多交的增值税额；若为零，则表示纳税人已结清了税款。

在采用三栏式明细账的情况下，"应交税金——应交增值税"账户与其他相关明细账户之间的对应关系，可用"T"字账户表示。

（三）小规模纳税人增值税会计科目设置与账簿记录

营业税企业是按营业额和规定的税率计算交纳营业税的，在会计核算上，借记"主营业务税金及附加"，贷记"应交税金——应交营业税"科目。这个营业额包含营业税，企业缴纳的营业税作为成本可从企业所得税前扣除。"营改增"后，企业缴纳的增值税，是企业在销售收入之外收取的，本质上是代收代付款项，不进入企业成本扣除；计征增值税的销售额应该是不含税销售额，从购货方取得的价款一般是含税价，计算增值税时应先"价税分离"。

小规模纳税人应在"应交税金"账户下设置"应交增值税"明细账户，

账户中不必设置专栏，采用三栏式明细账即可。小规模纳税人只核算增值税的应交数、已交数及欠交或多交数即可。贷方发生额，反映应交的增值税，借方发生额，反映实际上交的增值税；期末贷方余额反映尚未上交或欠交的增值税，期末借方余额反映多交的增值税。

二、销项税额的会计处理

（一）一般提供应税服务业务核算

1. 直接收款方式提供应税服务的会计处理

按应收或实际收到的价税合计，借记“应收账款”、“应收票据”、“银行存款”等账户；按照规定税率收取的增值税额，贷记“应交税费——应交增值税（销项税额）”账户；按实现的销售收入，贷记“主营业务收入”、“其他业务收入”等账户。

【案例3-1】上海某运输公司承接市内运输业务，开出的增值税专用发票上注明价款10万元，增值税款1.1万元，款项已存入银行。会计处理如下：

借：银行存款　　111 000

　贷：主营业务收入　　100 000

　　应交税费——应交增值税（销项税额）　　11 000

2. 托收承付和委托收款方式提供应税业务的会计处理

企业采用委托收款或托收承付结算方式销售产品，尽管结算程序不同，但按增值税法规定，均应于发出商品并向银行办妥托收手续的当天，确认销售实现并发生纳税义务。企业应根据委托收款或托收承付结算凭证和发票，借记“应收账款”，贷记“应交税费——应交增值税（销项税额）”、“主营业务收入”。

【案例3-2】在北京依法注册成立的某公司采取托收承付结算方式承接工程勘察勘探业务，开出的增值税专用发票上注明税款为10 000元，增值税款为600元，已向银行办妥托收手续。会计处理如下：

借：应收账款　　10 600

　贷：主营业务收入　　10 000

　　应交税费——应交增值税（销项税额）　　600

3. 采用赊销和分期收款方式提供应税服务的销项税额的会计处理

根据“营改增”试点方案，增值税纳税义务确认时间为纳税人提供应税服务并收讫销售款项或者取得索取销售款项凭据的当天；先开具发票的，为开具发票的当天。提供应税服务时，按书面合同确定的付款日期开具增值税专用发票，并按增值税专用发票上的金额，借记“银行存款”或“应收账款”，贷记“应交税费——应交增值税（销项税额）”、“主营业务收入”。如果未签订书面合同或者书面合同未确定付款日期的，则在应税服务完成的当天进行相关会计处理。

【案例3－3】 江苏某文化创意公司以分期收款方式向A企业提供产品包装设计服务，两公司约定服务总价款为60 000元，增值税额为3 600元，按合同规定，从10月份开始平均分3个月收款，文化创意公司实际支出人工费30 000元，则会计处理如下：

发生劳务支出时：

借：劳务成本	30 000	
贷：应付职工薪酬		30 000

在合同约定的收款日期开具增值税专用发票（或普通发票），并计算增值税销项税额：

借：银行存款	21 200	
贷：主营业务收入		20 000
应交税费——应交增值税（销项税额）		1 200

同时，结转相应的成本：

借：主营业务成本	10 000	
贷：劳务成本		10 000

以后两期的会计处理同上。

【提醒】 以分期收款方式提供应税服务，应注意正确确认收入实现和纳税义务发生的时间。

4. 预收款方式提供应税服务业务的核算

试点纳税人除提供有形动产租赁服务之外，应税服务的预收款不能以收到款项的当天确认为纳税义务发生时间，而应当按照财务会计制度的规定，在该项价款被确认为收入时确定增值税的纳税义务发生时间。纳税人在收到预收款项时，借记“银行存款”科目，贷记“预收账款”科目；发生应税服务时，确认收入及补收货款，借记“预收账款”、“银行存款”等科目，贷记“主营业务收入”、“应交税费——应交增值税（销项税额）”等科目。

【案例3-4】福建省某广告公司以预收款方式向B企业提供广告策划服务，5月份收到预收货款6万元；6月1日正式开始策划工作并于20日结项，实际发生劳务成本为6万元，合同约定不含税价为10万元，增值税税额为6 000元，当月收到对方补发的价款，则会计处理如下：

5月收到预收货款时：

借：银行存款	60 000	
贷：预收账款		60 000

6月20日结项并补收货款时：

借：预收账款	60 000	
银行存款	46 000	
贷：主营业务收入		100 000
应交税费——应交增值税（销项税额）		6 000

结转成本时：

借：主营业务成本	60 000	
贷：劳务成本		60 000

（二）视同提供应税服务的会计处理

单位和个体工商户向其他单位或者个人无偿提供交通运输业和部分现代服务业服务视同提供增值税应税服务，但以公益活动为目的或者以社会公众为对象的除外。其纳税义务发生时间为应税服务完成的当天。

同时主管税务机关有权按照下列顺序确定销售额：

（1）按照纳税人最近时期提供同类应税服务的平均价格确定。

（2）按照其他纳税人最近时期提供同类应税服务的平均价格确定。

（3）按照组成计税价格确定。组成计税价格的公式为：组成计税价格 = 成本 ×（1 + 成本利润率）。

【案例3-5】2012年12月安徽省某运输公司为单位高层甲无偿提供搬家运输服务，该公司2012年提供同类服务的平均收费为555元/次。根据相关规定，此次运输服务应视同提供应税服务，增值税额为55［555 ÷（1 + 11%）× 11%］元，会计处理如下：

借：营业外支出 555

　　贷：主营业务收入 500

　　　　应交税费——应交增值税（销项税额） 55

（三）特殊销售的会计处理

1. 折扣销售的销项税额的会计处理

会计中的商业折扣也就是税法所称的折扣销售，它是在实现销售时确认的。参照财税［2011］111号文第三十九条规定，若应税服务提供方将价款和折扣额在同一张发票上分别注明，则以折扣后的价款为销售额并计算销项税额，会计处理同产品正常销售相同；若未在同一张发票上分别注明，则以价款为销售额，不得扣减折扣额，计算销项税额都要按未折扣的销售额乘以税率，以此贷记"应交税费——应交增值税（销项税额）"。

如果是现金折扣，应在收到应税服务方实际付现时才能确认折扣额。现金折扣是企业的一种理财行为，直接计入当期损益，而不是冲减销售收入和销项税额，因此，这种折扣不得从销售额中抵减，应该记入"财务费用"。由于现金折扣的会计处理方法有全价（总价）法和净价法两种，我国会计实务中规定采用总价法。

【案例3-6】深圳市某新科技公司12月份为A企业提供软件开发及维护服务，协议总价款为50万元，增值税额为3万元，规定现金折扣条件为"2/10，1/20，n/30"，则会计处理如下：

销售实现时：

借：应收账款 530 000

　　贷：主营业务收入 500 000

　　　　应交税费——应交增值税（销项税额） 30 000

若公司于10日内收到货款时：

借：银行存款 520 000

　　财务费用 10 000

　　贷：应收账款 530 000

若公司于20日后收到货款时：

借：银行存款 530 000

　　贷：应收账款 530 000

【提醒】 现金折扣不能冲减销售收入和销项税额，应当使用“财务费用”科目直接计入当期损益。

2. 服务中止/折让而退回的销项税额的会计处理

根据财税［2011］111号文第三十九条规定，纳税人提供的适用一般计税方法计税的应税服务，因服务中止或者折让而退还给购买方的增值税额，应当从当期的销项税额中扣减；发生服务中止、购进货物退出、折让而收回的增值税额，应当从当期的进项税额中扣减。

纳税人提供应税服务，开具增值税专用发票后，提供应税服务中止、折让、开票有误等情形，应当按照国家税务总局的规定开具红字增值税专用发票，未按照规定开具红字增值税专用发票的，不得扣减销项税额或者销售额。

【案例3-7】 北京市某增值税一般纳税人A公司10月11日向B公司提供货运代理服务，应税收入为10 000元，增值税额为1 100元，由于货物没有按时送达，双方协商折让20%，11月20日收到B公司转来的增值税专用发票的发票联和抵扣联。会计处理如下：

借：应收账款——B公司　11 100

　贷：主营业务收入　10 000

　　应交税费——应交增值税（销项税额）　1 100

11月20日转来增值税专用发票时，按扣除折让后的价款8 000元和增值税额880元，重新开具专用发票，冲销主营业务收入2 000元和增值税额220元。

借：应收账款——B公司　2 220（红字）

　贷：主营业务收入　2 000（红字）

　　应交税费——应交增值税（销项税额）　220（红字）

3. 服务赠送的销项税额的会计处理

参照税法，企业通过买一赠一、随货赠送的行为不视同无偿赠送服务，销售价值已内含赠品价值，可以不单独核算赠品的销项税额。应税服务提供方以主服务的价格贷记“主营业务收入”，同时计算确认“应交税费——应交增值税（销项税额）”。结转成本时需要以主服务和赠送服务的总成本借记“主营业务成本”，贷记相关成本科目。

【案例3-8】 广州市某软件公司为“营改增”后的增值税一般纳税人，

12月1日该公司向A公司提供软件维护服务并开具增值税专用发票，协议不含税价款为10 000元，增值税额为600元，并约定赠送当月的软件咨询服务，不再另外收费。经财务部门核算，软件维护服务的人工成本为4 000元，软件咨询服务的人工成本为2 000元，则会计处理如下：

借：应收账款——A公司　　10 600

　　贷：主营业务收入　　10 000

　　　　应交税费——应交增值税（销项税额）　　600

借：主营业务成本　　6 000

　　贷：劳务成本——维护　　4 000

　　　　　　　　——咨询　　2 000

【提醒】 买一赠一、随货赠送的行为不是视同销售行为，会计处理时以一项服务的价款作为收入，而以两项服务的价格计入成本。

4. 兼营行为的销项税额的会计处理

财税［2011］111号规定，纳税人兼营营业税应税项目的，应当分别核算应税服务的销售额和营业税应税项目的营业额；未分别核算的，由主管税务机关核定应税服务的销售额。若纳税人兼营免税、减税项目的，应当分别核算免税、减税项目的销售额；未分别核算的，不得免税、减税。

如果纳税人同时提供适用不同税率或者征收率的应税服务，应当分别核算适用不同税率或者征收率的销售额；未分别核算的，从高适用税率。

【案例3－9】 浙江省某大型酒店兼营酒店住宿及会议展览服务，12月取得总收入30.6万元，其中酒店住宿收入20万元，会议展览收入10.6万元。由于企业按规定分别核算增值税应税服务的销售额以及营业税应税项目的营业额，故12月企业应交增值税6 000［106 000÷（1＋6%）×6%］元，应交营业税6 000（200 000×3%）元，则会计处理如下：

借：应收账款　　306 000

　　贷：主营业务收入——酒店住宿　　200 000

　　　　　　　　　　——会议展览　　100 000

　　　　应交税费——应交增值税（销项税额）　　600

借：营业税金及附加　　6 000

　　贷：应交税费——应交营业税　　6 000

【案例3-10】 “营改增”试点地区某航空公司常年提供航空运输服务，并于本月推出航空运输干租业务，即将飞机在约定时间内出租给他人使用，不配备机组人员，不承担运输过程中的各项费用，只收取固定租赁费。由于首次承接干租业务，财会部门未对其单独核算，航空部本月总收入为117万元。同时该公司旗下设有一家航空酒店，本月营业额为20万元。根据财税［2011］111号文，航空运输服务属于交通运输业，按11%征收增值税；航空运输的干租业务属于有形动产经营性租赁，按17%征收增值税。但由于本月未分别核算，则按要求从高使用税率，故本月应交增值税额为17［117÷（1+17%）×17%］万元，应交营业税1（20×5%）万元。会计处理如下：

借：应收账款　　1 370 000
　　贷：主营业务收入　　1 000 000
　　　　其他业务收入　　200 000
　　　　应交税费——应交增值税（销项税额）　　170 000
借：营业税金及附加　　10 000
　　贷：应交税费——应交营业税　　10 000

5. 混合销售行为的销项税额的会计处理

混合销售行为是指既涉及属于增值税征收范围的货物或应税劳务又涉及不属于增值税征收范围的非应税劳务的一项销售行为。从事货物的生产、批发零售或主营试点改革后增值税应税劳务的企业、企业性单位及个体经营者的混合销售行为，视为销售货物或提供增值税应税劳务，应当征收增值税；其他单位和个人的混合销售行为，视为销售非应税劳务，不征收增值税。在会计处理上，借记“银行存款”、“库存现金”、“应收账款”等账户，贷记“主营业务收入”、“其他业务收入”、“应交税费——应交增值税（销项税额）”等账户。

【案例3-11】 天津市某建筑开发企业于12月向A房地产商提供某楼盘的建筑施工服务，施工前该企业例行进行了地形勘探勘察工作，施工服务收费100万元，勘察工作收费3万元。由于该建筑开发企业主营建筑安装服务，在此次楼盘建筑工程中，视为提供非应税劳务，不征收增值税，征收营业税额为3万元，则会计处理如下：

借：应收账款　　1 030 000
　　贷：主营业务收入　　1 000 000

其他业务收入　　　　30 000

借：营业税金及附加　　　　30 900

　　贷：应交税费——应交营业税　　　　30 900

6. 销售使用过的固定资产的处理

试点一般纳税人，销售自己使用过的2012年1月1日（含）以后购进或自制的固定资产，按照适用税率征收增值税；销售自己使用过的2011年12月31日（含）以前购进或者自制的固定资产，按照4%征收率减半征收增值税。

使用过的固定资产，是指纳税人根据财务会计制度已经计提折旧的固定资产。

【案例3-12】上海市试点一般纳税人A企业出售一台使用过的设备，原价为234 000元（含增值税），购入时间为2012年2月，假定2013年2月出售（该设备恰好使用1年），折旧年限为10年，采用直线法折旧，不考虑残值。若2013年的售价为175 500元（含增值税），该设备适用17%的增值税税率。

由于设备购入时间为2012年2月，则购入的增值税已计入"应交税费——应交增值税（进项税额）"，故在2013年2月出售时会计处理如下：

（1）固定资产清理时

固定资产原价 = 234 000 ÷ （1 + 17%） = 200 000（元）

1年累积计提折旧 = （200 000 ÷ 10） × 1 = 20 000（元）

2013年出售时应缴纳增值税 = ［175 500 ÷ （1 + 17%）］ × 17%

= 25 500（元）

借：固定资产清理　　　　180 000

　　累计折旧　　　　20 000

　　贷：固定资产　　　　200 000

（2）收到价款时

借：银行存款　　　　175 500

　　贷：固定资产清理　　　　150 000

　　　　应交税费——应交增值税（销项税额）　　　　25 500

借：营业外支出　　　　30 000

　　贷：固定资产清理　　　　30 000

【提醒】如果该设备购入时间为2011年2月，固定资产的原值为234 000元，设备出售之日为2013年2月，则设备出售视为旧货销售，按照不含税销售额与4%的征收率减半征收增值税，即销项税额＝234 000÷（1＋17%）×4%÷2＝4 000（元）。

三、进项税额的会计处理

（一）可以从销项税额中抵扣的进项税额的会计处理

1. 接受服务的会计处理

企业接受服务取得增值税专用发票，进项税额允许抵扣，通过“应交税费——应交增值税（进项税额）”核算。服务的价款计入成本，借记“主营业务成本”、“应交税费——应交增值税（进项税额）”科目，贷记“银行存款”、“应付账款”、“应付票据”等科目。

【案例3－13】上海市某交通运输企业为一般纳税人，2012年1月15日将某项运输业务分包给另外一个一般纳税人，取得增值税专用发票，发票上注明服务款1万元，增值税款为0.11万元，款项已通过银行支付。会计处理如下：

支付运输款时：

借：主营业务成本　　10 000
　　应交税费——应交增值税（进项税额）　　1 100
　　贷：银行存款　　11 100

接受交通运输业服务，除取得增值税专用发票外，按照运输费用结算单据上注明的运输费用金额和7%的扣除率计算的进项税额。运输费用金额，是指运输费用结算单据上注明的运输费用、建设基金，不包括装卸费、保险费等其他杂费。试点纳税人从试点地区取得的2012年1月1日（含）以后开具的运输费用结算单据（铁路运输费用结算单据除外），不得作为增值税扣税凭证。

【案例3－14】北京市华通运输公司2013年1月接受陕西某运输公司的运输服务，取得运输费用结算单据，单据上注明运输费用20 000元，建设基金500元，装卸费1 000元，保险费100元，款项已付。

由于陕西运输公司处于非试点地区，因此其运费结算单据可以作为进项税额抵扣凭证。

可以扣除的进项税额＝（20 000＋500）×7%＝1 435（元），共支付银行存款 21 600 元。

则会计处理如下：

借：主营业务成本	20 165	
应交税费——应交增值税（进项税额）	1 435	
贷：银行存款		21 600

试点纳税人接受试点纳税人中的小规模纳税人提供的交通运输业服务，按照取得的增值税专用发票上注明的价税合计金额和 7% 的扣除率计算进项税额。

【案例 3-15】 上海市某运输公司委托北京某运输企业（小规模纳税人）运送一车货物，事后收到该运输企业在税务局代开的增值税专用发票，发票上注明金额为 8000 元，款项已支付。会计处理如下：

借：主营业务成本	7 440	
应交税费——应交增值税（进项税额）	560	
贷：银行存款		8 000

【重要提醒】 交通运输业进项税额的抵扣要注意取得的凭证种类和凭证的来源地区，种类和地区不同，则进项税额的抵扣方式不同。

2. 购进固定资产的会计处理

企业购入的固定资产，其进项税额允许抵扣，通过"应交税费——应交增值税（进项税额）"核算。企业购入固定资产时，其支付的价款计入固定资产价值，借记"固定资产"、"应交税费——应交增值税（进项税额）"科目，贷记"银行存款"、"应付账款"、"应付票据"、"长期应付款"等科目。

【案例 3-16】 上海市某文化创意企业（一般纳税人）2012 年 2 月购进电脑一台，取得的专用发票上注明的价款为 5 000 元，增值税款为 850 元，款项以银行存款支付。会计处理如下：

借：固定资产	5 000	
应交税费——应交增值税（进项税额）	850	
贷：银行存款		5 850

3. 接受投资转入

企业接受投资转入的货物，按照专用发票上注明的增值税额，借记"应交税费——应交增值税（进项税额）"科目，按照确认的投资货物价值，借记

“原材料”、“固定资产”等科目，按照增值税额与货物价值的合计数，贷记“实收资本”等科目。

【案例 3 – 17】上海市某有形动产租赁公司接受外单位设备投资，该设备协议价为 500 万元，投资方开具的增值税专用发票列明增值税额为 85 万元。则会计处理如下：

借：固定资产 5 000 000

应交税费——应交增值税（进项税额） 850 000

贷：实收资本 5 850 000

4. 接受捐赠转入的货物

企业接受捐赠转入的货物，按照专用发票上注明的增值税额，借记“应交税费——应交增值税（进项税额）”科目，按照确认的捐赠货物的价值，借记“原材料”等科目，按照增值税额与货物价值的合计数，贷记“营业外收入”科目。

【案例 3 – 18】宁波市某研发公司为一般纳税人，收到公益团体捐赠的光盘一批，双方协议确认价值 10 万元，取得捐赠方提供的专用发票，注明货款 10 万元，增值税款 1.7 万元。账务处理如下：

借：原材料 100 000

应交税费——应交增值税（进项税额） 17 000

贷：营业外收入——捐赠利得 117 000

5. 进口应税服务

接受境外单位或者个人提供的应税服务，按从税务机关或者境内代理人取得的解缴税款的《中华人民共和国税收通用缴款书》上注明的增值税额，借记“应交税费——应交增值税（进项税额）”科目，按实际发生的费用借记“主营业务成本”等科目，按照应付或实际支付的金额，贷记“应付账款”、“银行存款”等科目。

【案例 3 – 19】广东省某技术开发企业从国外购进一项研发软件，从海关取得的完税凭证上注明：该软件关税完税价格为 50 万元，进口关税 5 万元，进口增值税 3.3 万元。另外发生国内邮寄运费 1 000 元，开具非试点区的普通运费结算单据。以上费用以银行存款支付，电子元件已验收入库。会计处理如下：

准予抵扣的进项税额 = 33 000 + 1 000 × 7% = 33 070（元）

借：主营业务成本　　550 930

　　应交税费——应交增值税（进项税额）　　33 070

　　贷：银行存款　　584 000

（二）进项税额转出的会计处理

当纳税人购进的固定资产或接受的应税劳务改变用途，不是用于增值税应税项目，而是用于非应税项目、免税项目或用于集体福利，个人消费等情况时，其支付的进项税不能从销项税额中抵扣，应做转出处理，适用科目为"应交税费——应交增值税（进项税额转出）"。

纳税人当期购进的固定资产或应税劳务事先并未确定将用于生产或非生产经营，但其进项税额已在当期销项税额中进行了抵扣，当已抵扣进项税额的购进货物、固定资产或应税劳务改变用途，用于非应税项目、免税项目、集体福利或个人消费等。此种情况指的是原已抵扣进项税额后才改变用途，销项税额不能形成，则原抵扣的进项税额只能作转出处理。

非正常损失的购进固定资产及相关的应税劳务，其进项税额不得抵扣。因为当发生非正常损失时，相关在产品、产成品等存货项目不会再产生销项税额，所以购进的已抵扣的进项税额必须作转出处理。

【案例3-20】江苏省某有形动产租赁公司因化学用品储藏不当而损毁一台机器设备，该设备购入价格为20万元，还未计提折旧，该设备无法再对外出租。会计处理如下：

借：待处理财产损溢——待处理固定资产损溢　　234 000

　　贷：固定资产　　200 000

　　　　应交税费——应交增值税（进项税额转出）　　34 000

（三）不得抵扣的进项税额的会计处理

1. 未取得增值税专用发票

试点纳税人接受试点纳税人中的小规模纳税人提供的交通运输业服务，按照取得的增值税专用发票上注明的价税合计金额和7%的扣除率计算进项税额，如未取得代开的专用发票，则不得计算抵扣进项税额。应按实际发生的金额直接借记"主营业务成本"，贷"银行存款"、"应付账款"等科目。

【案例3-21】上海市某运输公司委托北京某运输企业（小规模纳税人）

运送一车货物，事后收到该运输企业的普通发票，注明运输费用为8 000元，款项已支付。会计处理如下：

借：主营业务成本　　8 000

　　贷：银行存款　　8 000

2. 购进货物或劳务用于非增值税应税项目、免征增值税项目、集体福利或者个人消费的购进货物

非增值税应税项目，是指非增值税应税劳务、转让无形资产（专利技术、非专利技术、商誉、商标、著作权除外）、销售不动产以及不动产在建工程。当纳税人购进的货物或接受的应税劳务不是用于增值税应税项目时，其支付的进项税额就不能从销项税额中抵扣，只能与其价款一并计入所购货物或应税劳务的成本。借记“在建工程”、“应付职工薪酬——福利费”等账户，贷记“银行存款”、“应付账款”、“其他货币资金”等账户。

【案例3－22】 某交通运输企业为上海市一般纳税人，2012年8月份购入建筑工程项目用水泥一批，打算新盖一间车库，专用发票注明，价款10 000元，税款1 700元，同时支付本单位后勤人员劳务费用50 000元，款项已付清。会计处理如下：

借：在建工程　　11 700

　　应付职工薪酬　　50 000

　　贷：银行存款　　61 700

3. 接受的旅客运输服务

对于一般纳税人购买的旅客运输劳务，难以准确地界定接受劳务的对象是企业还是个人，故一般纳税人接受的旅客运输劳务不得从销项税额中抵扣，直接计入“主营业务成本”。

4. 纳税人取得的增值税扣税凭证不合规

纳税人取得的增值税扣税凭证不符合法律、行政法规或者国家税务总局有关规定的，其进项税额不得从销项税额中抵扣，支付的税款直接计入相关成本。

【提醒】 企业在会计作账拿到凭证时应明确购进的货物和劳务的用途，如果是不得抵扣进项税额范围的，应直接计入相关项目的成本，以免被税务机关调增。

四、小规模纳税人的会计处理

（一）小规模纳税人的会计处理依据

小规模纳税人是指应税服务年销售额未超过财政部和国家税务总局规定标准（500万元）的纳税人。非企业性单位、不经常提供应税服务的企业和个体工商户可选择按照小规模纳税人纳税。

试点地区的小规模纳税人由于经营规模小，会计核算不健全，无法按照凭增值税专用发票扣税的计税方法缴纳税款，因此，对于小规模纳税人提供应税服务实行按销售额与征收率计算应纳税额的简易征收办法。简易计税方法的应纳税额，是指按照销售额和增值税征收率计算的增值税额，不得抵扣进项税额。应纳税额计算公式：

应纳税额 = 销售额 × 征收率

此销售额为不含税销售额。试点改革的增值税征收率统一为3%。

（二）小规模纳税人销项税额的会计处理

小规模纳税人在提供应税服务时，销售额为向购货方收取的价款及价外费用，一般为含税销售额。因此，小规模纳税人在计算应纳税额时，必须将含税销售额换算为不含税的销售额后才能计算应纳税额。换算公式如下：

销售额 = 含税销售额 ÷ （1 + 征收率）

按应收或实际收到的价税合计，借记"应收账款"、"应收票据"、"银行存款"等账户；按照规定征收率收取的增值税额，贷记"应交税费——应交增值税"账户；按实现的销售收入，贷记"主营业务收入"、"其他业务收入"等账户。

【案例3-23】天津市某小型技术咨询服务企业年销售额为400万元，符合"营改增"试点地区的小规模纳税人认定规定。2013年1月，该咨询服务公司向A公司某特定技术项目提供咨询，共收取价款合计10 300元，该款项已结清并存入银行。由于该价款为含税销售额，故应交增值税销项税额为300［10 300÷（1+3%）×3%］元，则会计分录如下：

借：银行存款	10 300	
贷：主营业务收入		10 000
应交税费——应交增值税		300

（三）小规模纳税人进项税额的会计处理

由于小规模纳税人采用简易计税方法，其取得的进项税额不可抵扣。小规模纳税人在购进应税货物或应税劳务时，按应收或实际收到的价税合计，借记“原材料”等账户，贷记“应付账款”、“应付票据”、“银行存款”、“库存现金”等账户。

【案例3-24】湖北省某小型物流辅助服务公司年销售额为450万元，符合“营改增”试点地区的小规模纳税人认定规定。2012年12月，该物流辅助服务公司购进一批搬运现场易耗品，取得对方开具的增值税专用发票上注明不含税价款10万元，增值税额1.7万元。款项已以银行存款支付。由于该小型物流辅助服务公司为小规模纳税人，其进项税额不可抵扣，故会计分录如下：

借：原材料 117 000

　　贷：银行存款 117 000

（四）小规模纳税人差额征税的会计处理

根据财会［2012］13号文件规定，小规模纳税人提供应税服务，试点期间按照营业税改征增值税有关规定允许从销售额中扣除其支付给非试点纳税人价款的，按规定扣减销售额而减少的应交增值税应直接冲减“应交税费——应交增值税”科目。

企业接受应税服务时，按规定允许扣减销售额而减少的应交增值税，借记“应交税费——应交增值税”科目，按实际支付或应付的金额与上述增值税额的差额，借记“主营业务成本”等科目，按实际支付或应付的金额，贷记“银行存款”、“应付账款”等科目。

【案例3-25】上海市某国际货运公司为“营改增”小规模纳税人，2012年10月受当地企业委托运送一批货物至邻国，收取全程运费10 300元，出境后改由邻国某货运公司运达目的地，应转付其货运费用合计人民币2 060元，款项已结清。该国际货运公司实际应交增值税额为240［（10 300－2 060）÷（1＋3%）×3%］元，会计分录如下：

国际货运公司提供应税服务时：

借：银行存款 10 300

　　贷：主营业务收入 10 000

　　　　应交税费——应交增值税 300

支付邻国公司货运费时：

借：主营业务成本　2 000

　应交税费——应交增值税　60

　贷：银行存款　2 060

【提醒】关于小规模纳税人的差额征税在第七条过渡期的会计处理中还会详细讲解。

（五）小规模纳税人因服务中止或者折让而退还服务费的会计处理

根据试点实施办法第三十二条，小规模纳税人提供应税服务，因服务中止或者折让而退还给接受方的销售额，应当从当期销售额中扣减。扣减当期销售额后仍有余额，造成多缴的税款，可以从以后的应纳税额中扣减。按照退还给应税服务接受方的不含税销售额，借记“主营业务收入”、“其他业务收入”等科目，按减征的增值税额借记“应交税费——应交增值税”，按实际退还销售额，贷记“银行存款”、“应付账款”等科目。

【案例3-26】浙江省某小型文化创意公司A年销售收入为430万元，符合“营改增”试点地区小规模纳税人认定要求。2012年12月，该文化创意公司为某网站提供网页设计服务，约定项目时间3个月，协议服务价款30 900元。2013年1月初，由于该项目组主要成员离职导致该服务无法进行，A公司同意退还该网站25 750元，该月A公司销售收入达到40万元。根据相关规定，因服务中止或者折让而退还给接受方的销售额，若当期销售额足以抵扣，应当从当期销售额中扣减。会计分录如下：

2012年12月确认服务收入时：

借：银行存款　30 900

　贷：主营业务收入　30 000

　　应交税费——应交增值税　900

2013年1月服务中止退还销售额时：

借：主营业务收入　25 000

　应交税费——应交增值税　750

　贷：银行存款　25 750

五、税收优惠的会计处理

（一）增值税直接减免的会计处理

适用直接免征增值税的，纳税人在购买用于免征增值税项目的货物或者应税服务时，进项税额不得抵扣，同时，提供免税应税服务不得开具增值税专用发票。其销售收入不能价税分离，按照实际收到或应收的金额借记“银行存款”、“应收账款”等科目，按其取得的销售收入贷记“主营业务收入”等科目，然后按适用税率计算出免缴的增值税税额，贷记“应缴税费——应交增值税（销项税额）”，结转免征的增值税时，按照免缴的税额借记“应缴税费——应交增值税（减免税款）”，贷记“营业外收入”科目。

【案例3－27】江苏省某试点纳税人为一般纳税人，2012年12月15日提供一项技术开发服务，属于免税服务的范围，开具的普通发票注明该服务收入20 000元，款项尚未收到。会计处理如下：

免征的增值税＝20 000÷（1＋6%）×6%＝1 132（元）

借：应收账款	20 000	
贷：主营业务收入		18 868
应缴税费——应交增值税（销项税额）		1 132

结转免征的增值税时：

借：应交税费——应交增值税（减免税款）	1 132	
贷：营业外收入		1 132

（二）即征即退的会计处理

适用增值税即征即退的，纳税人可以开具增值税专用发票，在账务处理时，照常计算销项税额、进项税额和应纳税额，上交增值税时，借记“应交税费——应交增值税（已交税金）”，贷记“银行存款”。同时，按即退数额，借记“银行存款”，贷记“营业外收入”，不通过“减免税款”的科目进行。

【案例3－28】泰安运输公司是注册在天津市东疆保税港区内的试点一般纳税人，主要提供的服务是国内货物运输服务、仓储服务和装卸搬运服务，该公司适用于增值税即征即退政策。2013年1月为某公司提供货物运输服务，共取得不含税收入10 000元，增值税专用发票上注明税额为1 100元，服务价款已通过银行收到。会计处理如下：

开具发票并收取服务费时：

借：银行存款　　11 100

　　贷：主营业务收入　　10 000

　　　　应交税费——应交增值税（销项税额）　　1 100

上交增值税时：

借：应缴税费——应交增值税（已交税金）　　1 100

　　贷：银行存款　　1 100

同时按照即退数额：

借：银行存款　　1 100

　　贷：营业外收入　　1 100

【提醒】 增值税直接减免和即征即退的会计处理所用的会计科目不同，直接减免用的是“应交税费——应交增值税（减免税款）”，不用实际上缴税金，但即征即退是将税金实际上缴，待收到退回的款项之后再计入“营业外收入”科目。

六、增值税结转和缴纳的会计处理

（一）增值税结转的会计处理

“营改增”的纳税人在会计处理时，平时应在“应交税费——应交增值税”多栏式账户中核算增值税业务，在纳税期限届满时，根据“应交税费——应交增值税”明细账户各专栏的本期发生额，计算当期借贷方余额，并计算出差额，若“应交税费——应交增值税”明细账期末余额在借方，表示当期还有尚未抵扣的进项税额，可保留在该账户的借方，留待下期继续抵扣，不再转出；若为贷方余额，表示本期应交的增值税，应自“应交增值税”明细账转入“未交增值税”明细账户，会计处理如下，

借：应交税费——应交增值税（转出未交增值税）

　　贷：应交税费——未交增值税

若纳税人当期实际缴纳的增值税大于本期应纳的增值税额，期末应将多缴的增值税额转入“未交增值税”明细账户，会计处理如下：

借：应交税费——未交增值税

贷：应交税费——应交增值税（转出多交增值税）

（二）增值税缴纳的会计处理

1. 按月缴纳增值税的会计处理

纳税人以1个月或者1个季度为1个纳税期的，自期满之日起15日内申报纳税，月末，若“应交税费——应交增值税”为借方余额，表示本月尚未抵扣的进项税额，应继续留在该账户借方，不再做处理；若为贷方差额，表示本月应交增值税税额，转入“应交税费——未交增值税”账户的贷方后，在缴纳增值税时会计处理如下：

对于一般纳税人：

借：应交税费——应交增值税（已交税金）

贷：银行存款

对于小规模纳税人：

借：应交税费——应交增值税

贷：银行存款

2. 按日缴纳增值税的会计处理

以1日、3日、5日、10日或者15日为1个纳税期的，自期满之日起5日内预缴税款，于次月1日起15日内申报纳税并结清上月应纳税款。纳税人平时按核定纳税期纳税时，属预缴性质，次月15日前就实际发生的税额清缴。

预缴税款时会计处理如下：

借：应交税费——应交增值税（已交税金）

贷：银行存款

次月结清欠缴税款时，按欠缴税款的金额，作如下会计处理，

借：应交税费——未交增值税

贷：银行存款

【案例3-29】北京市某交通企业2012年11月份“应交税费——应交增值税”账户资料图如下所示：

应交税费——应交增值税

借方						贷方				
合计	进项税额	已交税金	减免税款	出口抵减内销产品应纳税额	转出未交增值税	合计	销项税额	出口退税	进项税额转出	转出多交增值税
3 000	2 000	1 000				1 800	1 800			
1 200										

"应交税费——应交增值税"借方余额大于贷方余额，借贷方差额大于"已交税金"合计数，表明当月已交税金全部为多交，进项税额与已交税金的差额为本月尚未抵扣的进项税额。

借方余额1 200元中包括多交的1 000元税款和待抵扣的200元进项税额（1 800－2 000＝－200），多交税额应转至"应交税费——未交增值税"账户的借方，尚未抵扣税额留在"应交税费——应交增值税"账户的借方。会计处理如下，

借：应交税费——未交增值税　　1 000

　　贷：应交税费——应交增值税（转出多交增值税）　　1 000

结转后的"应交税费——应交增值税"为借方余额200元。

【案例3－30】 承上例，但"应交税费——应交增值税"账户资料不同。

应交税费——应交增值税

借方						贷方				
合计	进项税额	已交税金	减免税款	出口抵减内销产品应纳税额	转出未交增值税	合计	销项税额	出口退税	进项税额转出	转出多交增值税
2 800	1 800	1 000				1 800	1 800			
1 000										

"应交税费——应交增值税"借方余额大于贷方余额，借贷方差额等于"已交税金"合计数，表明当月已交税金全部为多交，同时，本月无待抵扣进项税额。

借方余额1 000元即为已交税额1 000元。当期销项税额与进项税额相等，无待抵扣进项税额，结转后的“应交税费——应交增值税”余额为零。会计处理如下：

借：应交税费——未交增值税　　　　　　　　　　1 000

　　贷：应交税费——应交增值税（转出多交增值税）　　　　1 000

【案例3－31】 承上例，但“应交税费——应交增值税”账户资料不同。

应交税费——应交增值税

借方						贷方				
合计	进项税额	已交税金	减免税款	出口抵减内销产品应纳税额	转出未交增值税	合计	销项税额	出口退税	进项税额转出	转出多交增值税
3 000	2 000	1 000				2 200	2 200			
800										

“应交税费——应交增值税”借方余额大于贷方余额，借贷方差额小于“已交税金”合计数，表明已交税金中部分为应交税额、部分为多交税额，借方差额即是多交税额。

本月该企业已交税额1 000元，其中应交200（2 200－2 000＝200）元，多交800元。会计分录如下，

借：应交税费——未交增值税　　　　　　　　　　800

　　贷：应交税费——应交增值税（转出多交增值税）　　　　800

结转后的“应交税费——应交增值税”余额为零。

【案例3－32】 承上例，但“应交税费——应交增值税”账户资料不同，

应交税费——应交增值税

借方						贷方				
合计	进项税额	已交税金	减免税款	出口抵减内销产品应纳税额	转出未交增值税	合计	销项税额	出口退税	进项税额转出	转出多交增值税
3 000	2 000	1 000				4 000	4 000			
						1 000				

“应交税费——应交增值税”借方余额小于贷方余额，表明进项税额不足抵扣，已交税金中全部为应交税额，贷方差额即是未交税额。

本月该企业已交税额 1 000 元，进项税额 2 000 元，则未交税额为 1 000（4 000 - 2 000 - 1 000 = 1 000）元。会计分录如下，

借：应交税费——应交增值税（转出未交增值税）　　　　1 000

　　贷：应交税费——未交增值税　　　　　　　　　　　　1 000

结转后的“应交税费——应交增值税”余额为零。

七、过渡期特殊业务会计处理

（一）差额纳税的会计处理

1. 一般纳税人会计处理

财会［2012］13 号文件规定，一般纳税人提供应税服务，试点期间按照营业税改征增值税有关规定允许从销售额中扣除其支付给非试点纳税人价款的，应在“应交税费——应交增值税”科目下增设“营改增抵减的销项税额”专栏，用于记录该企业因按规定扣减销售额而减少的销项税额；同时，“主营业务收入”、“主营业务成本”等相关科目应按经营业务的种类进行明细核算。

企业接受应税服务时，按规定允许扣减销售额而减少的销项税额，借记“应交税费——应交增值税（营改增抵减的销项税额）”科目，按实际支付或应付的金额与上述增值税额的差额，借记“主营业务成本”等科目，按实际支付或应付的金额，贷记“银行存款”、“应付账款”等科目。

【案例 3 - 33】北京市 A 运输公司是增值税一般纳税人，2012 年 10 月取得总收入 344.7 万元，其中，国内客运收入 330 万元，其中支付给非试点联运企业运费 111 万元并取得交通运输业专用发票，另外销售货物取得支票 11.7 万元，运送该批货物取得运输收入 3 万元。假设该企业本月无进项税额，期初无留抵税额。请分析 A 运输公司应如何账务处理？

由于 A 公司客运收入属于交通运输业收入，属于营业税改征增值税中的应税服务，适用的增值税率为 11%，兼营销售货物属于增值税应税货物，税率为 17%。因此，A 运输公司销售额为（330 + 3 - 111）÷（1 + 11%）+ 11.7 ÷（1 + 17%）= 210（万元）。

A 运输公司 10 月实际应交增值税额为（330 + 3 - 111）÷（1 + 11%）×

11% +11.7 ÷ （1 +17%） ×17% =23.7（万元）。

试点纳税人接受非试点营业税纳税人联运业务，销售额要按差额计算。根据《交通运输业和部分现代服务业营业税改征增值税试点有关事项的规定》规定，试点纳税人提供应税服务的销售额，按照国家有关营业税政策规定差额征收营业税的，允许其以取得的全部价款和价外费用，扣除支付给非试点纳税人（试点地区不按照试点实施办法缴纳增值税的纳税人和非试点地区的纳税人）价款后的余额为销售额。会计处理如下：

A运输公司取得收入时：

借：银行存款　　3 447 000

　　贷：主营业务收入　　3 000 000

　　　　其他业务收入　　100 000

　　　　应交税费——应交增值税（销项税额）　　347 000

[（3 300 000 +30 000）÷（1 +11%）×11% +117 000 ÷（1 +17%）×17%]

支付联运企业运费时：

借：主营业务成本　　1 000 000

　　应交税费——应交增值税（“营改增”抵减的销项税额）

　　　　[1 110 000 ÷ （1 +11%） ×11%] 110 000

　　贷：银行存款　　1 110 000

【案例拓展1】 假设本案例中的增值税一般纳税人A运输公司支付试点联运企业（小规模纳税人）运费111万元并取得交通运输业专用发票，其他条件不变。则根据《交通运输业和部分现代服务业营业税改征增值税试点有关事项的规定》的规定，试点纳税人接受试点纳税人中的小规模纳税人提供的交通运输业服务，按照取得的增值税专用发票上注明的价税合计金额和7%的扣除率计算进项税额。

A运输公司销项税额为（330 +3） ÷ （1 +11%） ×11% +11.7 ÷ （1 +17%） ×17% =34.7（万元）。

A运输公司可抵扣进项税额为：111 ×7% =7.77（万元）。

A运输公司提供服务取得收入时：

借：银行存款　　3 447 000

　　贷：主营业务收入　　3 000 000

其他业务收入　　100 000

应交税费——应交增值税（销项税额）　　347 000

支付试点地区联运小规模纳税人企业运费时：

借：主营业务成本　　1 032 300

应交税费——应交增值税（进项税额）　　77 700

贷：银行存款　　1 110 000

【案例拓展2】假设支付试点联运企业（一般纳税人）运费价税合计111万元并取得增值税专用发票，其他条件不变。则A运输公司可抵扣进项税额：111÷（1+11%）×11%=11（万元）。

A运输公司提供服务取得收入时：

借：银行存款　　3 447 000

贷：主营业务收入　　3 000 000

其他业务收入　　100 000

应交税费——应交增值税（销项税额）　　347 000

支付试点地区联运一般纳税人企业运费时：

借：主营业务成本　　1 000 000

应交税费——应交增值税（进项税额）　　110 000

贷：银行存款　　1 110 000

【提醒】在营改增过渡期，由于交通运输企业存在试点与非试点的情况，且交通运输企业报销凭证的种类较多，因此会计处理较为复杂，要注意针对不同的情况不同处理。

【案例3-34】上海市A广告公司在"营改增"试点中被认定为一般纳税人。2012年3月1日，该广告公司与客户B签订了一份广告代理合同，合同含税总价为1 060万元，开具增值税专用发票；3月5日，该广告公司又与陕西C电视台签订广告发布合同，合同金额为636万元，并收到该电视台开具的广告发布营业税发票；该广告于3月25日发布，各款项收付完毕。假设A广告公司本月无进项税额，期初无留抵税额。

例题中A广告公司的广告代理业务属于"营改增"试点中现代服务业中的文化创意服务。由于A广告公司属于试点地区增值税一般纳税人，C电视台属于非试点地区的营业税纳税人，因此该业务应按照财会［2012］13号的规定进行差额征税的会计处理，A 广告公司提供应税服务的销售额，允许其以取得的全部价款和价外费用扣除支付给非试点纳税人价款后的余额为销售额。会计处理如下：

向客户 B 收取费用时：

借：银行存款 10 600 000

　　贷：主营业务收入 [10 600 000 ÷ (1 + 6%)] 10 000 000

　　　　应缴税费——应交增值税（销项税额） 600 000

支付 C 电视台广告费时：

借：主营业务成本 6 000 000

　　应交税费——应交增值税（营改增抵减的销项税额） 360 000

　　贷：银行存款 6 360 000

2. 小规模纳税人会计处理

根据财会［2012］13 号文件规定，小规模纳税人提供应税服务，试点期间按照营业税改征增值税有关规定允许从销售额中扣除其支付给非试点纳税人价款的，按规定扣减销售额而减少的应交增值税应直接冲减“应交税费——应交增值税”科目。企业接受应税服务时，按规定允许扣减销售额而减少的应交增值税，借记“应交税费——应交增值税”科目，按实际支付或应付的金额与上述增值税额的差额，借记“主营业务成本”等科目，按实际支付或应付的金额，贷记“银行存款”、“应付账款”等科目。

【案例 3 -35】 北京市 A 运输公司是小规模纳税人，2012 年 10 月取得全部收入 319.3 万元，其中国内客运收入 306 万元，包括支付给非试点地区联运企业运费 103 万元并取得交通运输业专用发票，销售货物取得支票 10.3 万元，运送该批货物取得运输收入 3 万元。假设该企业本月无进项税额，期初无留抵税额。

因为增值税应税货物和应税劳务小规模纳税人征收率均为 3%，所以 A 运输公司应交增值税额为（306 + 3 - 103）÷（1 + 3%）×3% + 10.3 ÷（1 + 3%）×3% = 6.3（万元）。

对于小规模增值税纳税人增值税的核算，一般只设“应交税费——应交增值税”科目，对于按规定扣减销售额而减少的销项税额，不再单独设立科目。故其会计处理如下：

A 运输公司提供服务取得收入时：

借：银行存款　　3 193 000

　　贷：主营业务收入　　3 100 000

　　　　应交税费——应交增值税

[(3 060 000 + 30 000) ÷ (1 + 3%) × 3% + 103 000 ÷ (1 + 3%) × 3%] 93 000

支付非试点联运企业运费时：

借：主营业务成本　　1 000 000

　　应交税费——应交增值税

[1 030 000 ÷ (1 + 3%) × 3%] 30 000

　　贷：银行存款　　1 030 000

【案例拓展3】 假设本案例中的小规模纳税人北京市 A 运输公司支付试点联运企业运费 103 万元并取得交通运输业专用发票，其他条件不变。

根据《交通运输业和部分现代服务业营业税改征增值税试点有关事项的规定》规定，试点纳税人中的小规模纳税人提供交通运输业服务和国际货物运输代理服务，按照国家有关营业税政策规定差额征收营业税的，其支付给试点纳税人的价款，也允许从其取得的全部价款和价外费用中扣除。因为增值税应税货物和应税劳务小规模纳税人征收率均为 3%，所以 A 运输公司应交增值税额为 (306 + 3 − 103) ÷ (1 + 3%) × 3% + 10.3 ÷ (1 + 3%) × 3% = 6.3（万元）。

对于小规模增值税纳税人增值税的核算，一般只设“应交税费——应交增值税”科目，对于按规定扣减销售额而减少的销项税额，不再单独设立科目。具体会计处理如下：

A 运输公司提供服务取得收入时：

借：银行存款　　3 193 000

　　贷：主营业务收入　　3 100 000

　　　　应交税费——应交增值税

[(3060 000 + 30 000) ÷ (1 + 3%) × 3% + 103 000 ÷ (1 + 3%) × 3%] 93 000

支付试点联运企业运费时：

借：主营业务成本　　1 000 000

应交税费——应交增值税

[1 030 000 ÷ (1 +3%) ×3%] 30 000

贷：银行存款 1 030 000

【案例3 -36】 承案例3 -34，但A广告公司为试点地区增值税小规模纳税人，其他条件不变。

增值税小规模纳税人征收率均为3%，只设“应交税费—应交增值税”科目，按规定扣减销售额而减少的销项税额不再单独设立科目。因此会计处理如下：

向客户B收取费用时：

借：银行存款 10 600 000

贷：主营业务收入 [10 600 000 ÷ (1 +3%)] 10 291 262

应缴税费——应交增值税 308 738

支付C电视台广告费时：

借：主营业务成本 [6 360 000 ÷ (1 +3%)] 6 174 757

应交税费——应交增值税 185 243

贷：银行存款 6 360 000

3. 期末一次性会计处理

财会［2012］13号文件规定，对于期末一次性进行账务处理的一般纳税人企业，期末，按规定当期允许扣减销售额而减少的销项税额，借记“应交税费——应交增值税（营改增抵减的销项税额）”科目，贷记“主营业务成本”等科目。

对于期末一次性进行账务处理的小规模企业，期末，按规定当期允许扣减销售额而减少的应交增值税，借记“应交税费——应交增值税”科目，贷记“主营业务成本”等科目。

【案例3 -37】 D企业为增值税试点地区一般纳税人，主要从事研发和技术服务业务，2012年4月发生了以下业务：向E企业提供研发服务取得含税收入106万元且款项收到，向F企业提供技术服务业务取得含税收入53万元，款项尚未收到，相关销售业务的增值税发票已经开出。本月向非试点地区的营业税纳税人G企业购进某项分支技术服务10.6万元，取得营业税发票，向试点地区增值税一般纳税人H购进技术服务含税价为21.2万元，取得增值税专用发票，向试点地区小规模纳税人I购进技术服务5.3万元，取得普通发票。D企业每月期末进行一次性账务处理，假设本月无进项税额，期初无留抵税额。

D企业向E和F企业提供服务取得收入106+53=159（万元），应交增值税为［159÷（1+6%）］×6%=9万元，账务处理如下：

借：银行存款——E　　1 060 000

　　应收账款——F　　530 000

　　贷：主营业务收入　　1 500 000

　　　　应交税费——应交增值税（销项税额）　　90 000

D企业向H购进的服务取得专用发票，可以抵扣进项税额，会计处理为：

借：主营业务成本　　200 000

　　应交税费——应交增值税（进项税额）　　12 000

　　贷：银行存款　　212 000

购进G和I的服务时，共支付价款10.6+5.3=15.9（万元）：

借：主营业务成本　　159 000

　　贷：银行存款　　159 000

D企业向G和I企业购进的服务按照财会［2012］13号规定属于当期允许扣减销售额而减少的销项税额，金额为［15.9÷（1+6%）］×6%=0.9万元，期末做一次性调整时：

借：应交税费——应交增值税（营改增抵减的销项税额）　9 000

　　贷：主营业务成本　　9 000

【提醒】企业在进行期末一次性会计处理时，由于业务繁杂，要注意区分不同业务的性质，正确确定适用的会计科目和税率，分类处理。

（二）增值税期末留抵税额的会计处理

财会［2012］13号文件规定，试点地区兼有应税服务的原增值税一般纳税人，截止到开始试点当月月初的增值税留抵税额按照营业税改征增值税有关规定不得从应税服务的销项税额中抵扣的，应在“应交税费”科目下增设“增值税留抵税额”明细科目。

开始试点当月月初，企业应按不得从应税服务的销项税额中抵扣的增值税留抵税额，借记“应交税费——增值税留抵税额”科目，贷记“应交税费

——应交增值税（进项税额转出）”科目。待以后期间允许抵扣时，按允许抵扣的金额，借记“应交税费——应交增值税（进项税额）”科目，贷记“应交税费——增值税留抵税额”科目。

“应交税费——增值税留抵税额”科目期末余额应根据其流动性在资产负债表中的“其他流动资产”项目或“其他非流动资产”项目列示。

【案例3－38】 L企业为北京市一般纳税人，销售增值税应税货物，兼营营业税应税劳务，2012年9月1日北京市实行营改增时其应税劳务纳入增值税范围。截至2012年8月31日，L企业有留抵税额20万元，9月份销售货物销项税额为170万元，购进货物的进项税额为200万元，提供应税服务的含税价为53万元（应税服务适用税率为6%），各项业务都取得或开具合法凭证。

本月销售货物应交增值税＝170－200－20＝－50（万元），由于销售货物的期初未抵扣税金不得抵减应税服务的销项税额，因此，会计处理为：

借：应交税费——增值税留抵税额　　500 000

　　贷：应交税费——应交增值税（进项税额转出）　　500 000

应税服务收到款项确认收入时：

借：银行存款　　530 000

　　贷：主营业务收入　　500 000

　　　　应缴税费——应交增值税（销项税额）　　30 000

待以后期间允许抵扣时，会计分录为（假设允许抵扣50万元）：

借：应交税费——应交增值税（进项税额）　　500 000

　　贷：应交税费——增值税留抵税额　　500 000

（三）取得过渡性财政扶持资金的会计处理

试点纳税人在新老税制转换期间因实际税负增加而向财税部门申请取得财政扶持资金的，期末有确凿证据表明企业能够符合财政扶持政策规定的相关条件且预计能够收到财政扶持资金时，按应收的金额，借记“其他应收款”等科目，贷记“营业外收入”科目。待实际收到财政扶持资金时，按实际收到的金额，借记“银行存款”等科目，贷记“其他应收款”等科目。

【案例3－39】 2012年上海市某物流企业因“营改增”试点改革而出现实际税负增加明显的情况，企业财会部门准备了充分材料证明企业符合财政扶持政策规定的相关条件，并于10月底向上海财税部门申请财政扶持基金，申请金额为 50 万元。2013 年 1 月该申请得到了上海相关部门的批复，同月企业收到了 50 万元的财政扶持基金。

根据财会［2012］13 号文，企业的会计处理如下：

2012 年 10 月预计能够收到财政扶持基金时：

借：其他应收款　　　　50 000

　　贷：营业外收入　　　　50 000

2013 年 1 月收到上海政府财政扶持基金时：

借：银行存款　　　　50 000

　　贷：其他应收款　　　　50 000

（四）增值税税控系统专用设备和技术维护费用抵减增值税额的会计处理

1. 增值税一般纳税人的会计处理

按税法有关规定，增值税一般纳税人初次购买增值税税控系统专用设备支付的费用以及缴纳的技术维护费允许在增值税应纳税额中全额抵减的，应在"应交税费——应交增值税"科目下增设"减免税款"专栏，用于记录该企业按规定抵减的增值税应纳税额。

企业购入增值税税控系统专用设备，按实际支付或应付的金额，借记"固定资产"科目，贷记"银行存款"、"应付账款"等科目。按规定抵减的增值税应纳税额，借记"应交税费——应交增值税（减免税款）"科目，贷记"递延收益"科目。按期计提折旧，借记"管理费用"等科目，贷记"累计折旧"科目；同时，借记"递延收益"科目，贷记"管理费用"等科目。

企业发生技术维护费，按实际支付或应付的金额，借记"管理费用"等科目，贷记"银行存款"等科目。按规定抵减的增值税应纳税额，借记"应交税费——应交增值税（减免税款）"科目，贷记"管理费用"等科目。

【案例 3－40】A 公司是江苏省境内注册设立的一家文化创意企业，被认定为一般纳税人。为确保江苏省"营改增"改革试点顺利实施，A 公司于 2012 年 9 月初次购买一台全新增值税税控系统专用设备，取得的增值税专用发票上注明的不含税价款为 2000 元，增值税额为 340 元，当日即以银行存款结清价款。同时，支付一年的技术维护费 400 元并取得技术维护费发票。A 公司购进该台增值税税控系统专用设备作为固定资产核算和管理，预计使用年限为 5 年，会计上采用直线法计提折旧，预计净残值率为 0。假定 A 公司有足够的增值税应纳税额可供两项费用全额抵减。

A公司于2012年9月购买增值税税控系统专用设备支付的费用以及缴纳的技术维护费，符合财会［2012］13号文有关在增值税应纳税额中全额抵减的规定，可以按照财会［2012］13号文的规定进行处理。企业的会计处理如下：

9月份初次购进增值税税控系统专用设备时：

借：固定资产　　2 340

　　管理费用　　400

　　贷：银行存款　　2740

借：应交税费——应交增值税（减免税款）　　2 740

　　贷：递延收益　　2 340

　　　　管理费用　　400

10月份首次对增值税税控系统专用设备按月计提折旧时：

借：管理费用　　39

　　贷：累计折旧　　39

借：递延收益　　39

　　贷：管理费用　　39

2. 小规模纳税人的会计处理

按税法有关规定，小规模纳税人初次购买增值税税控系统专用设备支付的费用以及缴纳的技术维护费允许在增值税应纳税额中全额抵减的，按规定抵减的增值税应纳税额应直接冲减“应交税费——应交增值税”科目。

企业购入增值税税控系统专用设备，按实际支付或应付的金额，借记“固定资产”科目，贷记“银行存款”、“应付账款”等科目。按规定抵减的增值税应纳税额，借记“应交税费——应交增值税”科目，贷记“递延收益”科目。按期计提折旧，借记“管理费用”等科目，贷记“累计折旧”科目；同时，借记“递延收益”科目，贷记“管理费用”等科目。

企业发生技术维护费，按实际支付或应付的金额，借记“管理费用”等科目，贷记“银行存款”等科目。按规定抵减的增值税应纳税额，借记“应交税费——应交增值税”科目，贷记“管理费用”等科目。

【案例3－41】 承案例3－40，A文化创意公司被认定为小规模纳税人，其他条件不变。

根据财会［2012］13号文的规定，企业的会计处理如下：

9月份初次购进增值税税控系统专用设备时：

借：固定资产　　2 340

　　管理费用　　400

　　贷：银行存款　　2 740

借：应交税费——应交增值税　　2 740

　　贷：递延收益　　2 340

　　　　管理费用　　400

10月份首次对增值税税控系统专用设备按月计提折旧时：

借：管理费用　　39

　　贷：累计折旧　　39

借：递延收益　　39

　　贷：管理费用　　39

"应交税费——应交增值税"科目期末如为借方余额，应根据其流动性在资产负债表中的"其他流动资产"项目或"其他非流动资产"项目列示；如为贷方余额，应在资产负债表中的"应交税费"项目列示。

（五）有形动产租赁的特殊会计处理

有形动产租赁，包括有形动产融资租赁和有形动产经营性租赁。有形动产融资租赁，是指具有融资性质和所有权转移特点的有形动产租赁业务活动。即出租人根据承租人所要求的规格、型号、性能等条件购入有形动产租赁给承租人，合同期内设备所有权属于出租人，承租人只拥有使用权，合同期满付清租金后，承租人有权按照残值购入有形动产，以拥有其所有权。有形动产经营性租赁，是指在约定时间内将物品、设备等有形动产转让他人使用且租赁物所有权不变更的业务活动。

1. 跨年度融资租赁的会计处理

财税［2011］111号《关于在上海市开展交通运输业和部分现代服务业营业税改征增值税试点的通知》第二个附件《交通运输业和部分现代服务业营业税改征增值税试点有关事项的规定》第一条第六款规定，试点纳税人在2011年12月31日（含）前签订的尚未执行完毕的租赁合同，在合同到期日之前继续按照现行营业税政策规定缴纳营业税。

（1）试点前跨年度融资租赁的会计处理。根据规定，在试点之时租赁合同未到期，则仍缴纳营业税，按营业税的会计处理方式作账。账务处理如下：

签订合同出租机床时：

借：融资租赁资产

　　贷：未实现融资收益

由于融资租赁一般为每年年初或年末付当年租赁款，则收到租赁款时：

借：银行存款

　　贷：长期应收款——应收融资租赁款

每月月末确认当月收入和营业税时：

借：未实现融资收益

　　贷：租赁收入

借：营业税金及附加

　　贷：应交税费——应交营业税

（2）试点后融资租赁的会计处理。试点后纳税人缴纳增值税，购进固定资产时进项税额可以扣除，出租后每月确认收入时缴纳增值税，确认销项税额，会计处理如下：

借：未实现融资收益

　　贷：租赁收入

　　　　应交税费——应交增值税（销项税额）

2. 经营租赁的会计处理

经营租赁时固定资产的所有权并未发生转移，试点前收到租赁款缴纳营业税时会计账务处理如下：

借：银行存款

　　贷：租赁收入

借：营业税金及附加

　　贷：应交税费——应交营业税

试点之后，转变为增值税纳税人，若为一般纳税人，则会计处理为：

借：银行存款

　　贷：租赁收入

应交税费——应交增值税（销项税额）

3. 一般纳税人以简易计税方法计税的会计处理

财税［2012］53号《财政部、国家税务总局关于交通运输业和部分现代服务业营业税改征增值税试点若干税收政策的补充通知》第四条规定，一般纳税人以试点实施之前购进或者自制的有形动产为标的物提供经营租赁业务，试点期间可以选择适用简易计税方法计算缴纳增值税。

由上述政策可知，如试点地区一般纳税人选择按简易计税方法计算经营租赁业务的销项税额，则"应交税费——应交增值税（销项税额）"科目下的销项税额计算公式为：

应纳税额=销售额×征收率（3%）

会计科目处理同上。

4. 增值税"即征即退"项目的会计处理

财税［2011］111号《关于在上海市开展交通运输业和部分现代服务业营业税改征增值税试点的通知》第三个附件《交通运输业和部分现代服务业营业税改征增值税试点过渡政策的规定》第二条第四款规定，经人民银行、银监会、商务部批准经营融资租赁业务的试点纳税人中的一般纳税人提供有形动产融资租赁服务，对其增值税实际税负超过3%的部分实行增值税即征即退政策。

【案例3-42】K企业为试点地区增值税一般纳税人，主营有形动产租赁服务，2012年5月份融资租出一台机器设备，租期为2年，每月租赁款为100万元（不含税），该企业为经人民银行批准经营融资租赁业务的试点纳税人。

有形动产租赁服务适用税率为17%，K企业收到租赁款100万元，则应缴增值税17万元，实际税负率为17÷（100+17）=14.5%，超过3%，故可以申请即征即退，账务处理如下：

确认当月租赁收入时：

借：银行存款　　1 170 000

　贷：主营业务收入　　1 000 000

　　　应交税费——应交增值税（销项税额）　　170 000

缴纳增值税时：

借：应交税额——应交增值税（已交税金）　　170 000

贷：银行存款 170 000

计提应收的增值税返还时：

借：其他应收款

[170 000 - (1 000 000 + 170 000) × 3%] 134 900

贷：营业外收入——政府补助 134 900

收到增值税返还时：

借：银行存款 134 900

贷：其他应收款 134 900

第四章　“营改增”框架下的税收筹划

一、纳税人的筹划

纳税人筹划，实质上是进行纳税人身份的合理界定或转化，使纳税人承担的税收负担尽量减少或降低到最小限度，或者直接避免成为某税种的纳税人。纳税人筹划可以合理降低税收负担，且方法简单，易于操作。纳税人筹划的关键是准确把握纳税人的内涵和外延，合理确定纳税人的范围。

增值税的纳税人筹划，主要包括两方面：一是增值税一般纳税人与小规模纳税人身份的筹划；二是增值税纳税人与营业税纳税人的筹划。

（一）增值税一般纳税人与小规模纳税人身份的筹划

1. 试点地区关于纳税人身份的规定

根据《关于在上海市开展交通运输业和部分现代服务业营业税改征增值税试点的通知》（财税［2011］111号）的规定，在中华人民共和国境内（以下称境内）提供交通运输业和部分现代服务业服务（以下称应税服务）的单位和个人，为增值税纳税人。增值税纳税人分为一般纳税人和小规模纳税人。

应税服务的年应征增值税销售额（以下称应税服务年销售额）超过500万元的纳税人为一般纳税人，未超过500万元的纳税人为小规模纳税人。财政部和国家税务总局可以根据试点情况对应税服务年销售额标准进行调整。应税服务的年销售额是指纳税人在连续不超过12个月的经营期内提供交通运输和部分现代服务累计取得的销售额，包括减、免税销售额和提供境外服务销售额。

一般纳税人提供应税服务适用一般计税方法计税。一般纳税人的适用税率为，在现行增值税17%标准税率和13%低税率基础上，新增11%和6%两档低税率。租赁有形动产等适用17%税率，交通运输业适用11%税率，其他部分现代服务业适用6%税率。

小规模纳税人提供应税服务适用简易计税方法计税，适用增值税征收率为3%。

一般纳税人提供财政部和国家税务总局规定的特定应税服务，可以选择适用简易计税方法计税，但一经选择，36个月内不得变更。如提供公共交通运输服务（包括轮客渡、公交客运、轨道交通、出租车）的纳税人，其提供应税服务的年销售额超过500万元，可以选择按照简易计税方法计算缴纳增值税。

2. 增值税一般纳税人与小规模纳税人的税负差异

一般情况下，小规模纳税人的税负略重于一般纳税人，其原因在于选择一般纳税人可以将进项税额抵扣，尤其是当应税销售额增值率较小时，一般纳税人的税负明显低于小规模纳税人。但这也不是绝对的，小规模纳税人的税负不一定在任何情况下都比一般纳税人重，这需要通过比较两类纳税人的应税销售额增值率与税负平衡点的关系，合理合法选择税负较轻的纳税人身份。假定纳税人的不含税增值率为R，不含税销售额为S，不含税的可抵扣购进金额为P，一般纳税人适用的增值税税率为T_1，小规模纳税人适用的征收率为T_2，

则$R=(S-P)\div S$

一般纳税人应纳增值税额＝销项税额－进项税额

$$=S\times T_1-P\times T_1$$
$$=S\times T_1-S\times(1-R)\times T_1$$
$$=S\times T_1\times[1-(1-R)]$$
$$=S\times T_1\times R$$

小规模纳税人应纳增值税额$=S\times T_2$

当两者税负相等时，其增值率则为无差别平衡点增值率。

因此，无差别平衡点增值率$R^*=T_2\div T_1$

由此计算出两类纳税人税负平衡点的增值率，列表显示，见表4－1。

表4－1　一般纳税人和小规模纳税人税负平衡点处的增值率

（不含税销售额）

一般纳税人税率	小规模纳税人征收率	无差别平衡点增值率
17%	3%	17.65%

续表

一般纳税人税率	小规模纳税人征收率	无差别平衡点增值率
13%	3%	23.08%
11%	3%	27.27%
6%	3%	50%

同理，可得含税销售额情况下的无差别平衡点的增值率。假定纳税人的含税增值率为R，含税销售额为S，含税的可抵扣购进金额为P，一般纳税人适用的增值税税率为T_1，小规模纳税人适用的征收率为T_2，则无差别平衡点的增值率$R^* = T_2 \times (1 + T_1) / [T_1 \times (1 + T_2)]$，见表4-2。

表4-2　一般纳税人和小规模纳税人税负平衡点处的增值率

（含税销售额）

一般纳税人税率	小规模纳税人征收率	无差别平衡点增值率
17%	3%	20.05%
13%	3%	25.32%
11%	3%	29.39%
6%	3%	51.46%

根据表4-2可得出的筹划结论为：如果纳税人提供应税服务的增值率小于平衡点的增值率，那么选择一般纳税人身份更有利，则提高年销售额和健全会计制度，使之符合一般纳税人认定资格，则通过机构合并、业务整合、规范经营、健全会计核算制度等；如果纳税人提供应税服务的增值率大于平衡点的增值率，那么选择小规模纳税人身份更有利，则降低年销售额或合法合理模糊会计核算，通过机构分立合并、业务分拆、缩小税基等手段。

【案例4-1】 阳光咨询公司是上海市一般纳税人，为东方有限公司提供应税服务，收取含税收入600万元，税率6%，假设当期无可抵扣进项税额，则：

应缴纳增值税及附加 = [600 ÷ (1 + 6%)] × 6% × (1 + 7% + 3%) = 37.36（万元）。

此时，如果将阳光咨询公司分拆为甲公司和乙公司，应税服务的400万元由甲公司提供，200 万元由乙公司提供，则：

甲公司应缴纳增值税及附加 = [400 ÷（1 + 3%）] × 3% ×（1 + 7% + 3%）= 12.82（万元）

乙公司应缴纳增值税及附加 = [200 ÷（1 + 3%）] × 3% ×（1 + 7% + 3%）= 6.41（万元）

则合计应纳税额 = 12.82 + 6.41 = 19.23（万元）

通过纳税人身份的转换，实现节税利益 = 37.36 − 19.23 = 18.13（万元）

由此可见，同一业务收入，小规模纳税人纳税额比一般纳税人纳税额要低。这主要是因为“营改增”后，小规模纳税人执行的是3%的税率，而一般纳税人是6%的税率。规模不大的一般纳税人企业，可以根据自己的营收状况、资产状况，通过分拆业务、新设公司等方式，享受小规模纳税人3%的税率。

【案例 4 − 2】甲乙均为上海市的两家小型会计师事务所，主要从事审计、税务、咨询等专业服务。2012 年甲事务所提供的专业服务收入为 450 万元，可抵扣购进固定资产金额为 250 万元；乙事务所提供的专业服务收入为 300 万元，可抵扣购进固定资产金额 160 万元。（以上金额均为不含税金额，进项可取得增值税专用发票）

由于两家事务所的应税服务年销售额均达不到一般纳税人标准，税务机关对甲乙均按小规模纳税人简易方法征税，征收率 3%。

甲应纳增值税 = 450 × 3% = 13.5（万元），乙应纳增值税 = 300 × 3% = 9（万元），则 2012 年甲乙共应纳增值税 = 13.5 + 9 = 22.5（万元）

根据无差别平衡点增值率原理可知，甲企业增值率 =（450 − 250）÷ 450 = 44.44%，小于无差别平衡点增值率 50%，因此甲选择作为一般纳税人税负较轻；乙企业增值率 =（300 − 160）÷ 300 = 46.67%，同样小于无差别平衡点增值率 50%，因此乙选择作为一般纳税人税负较轻。因此，甲乙两个企业如通过合并方式，组成一个独立核算的纳税人，年应税销售额 750 万元，符合一般纳税人的认定资格。企业合并后，年应纳增值税 =（450 + 300）× 6% −（250 + 160）× 17% = 45 − 69.7 = −24.7（万元），企业当年无需缴纳增值税，通过企业合并转化纳税人身份，实现了节税利益。

（二）增值税纳税人与营业税纳税人的筹划

1. 试点地区关于纳税人兼营营业税应税项目的规定

根据《交通运输业和部分现代服务业营业税改征增值税试点实施办法》第三十六条规定，纳税人兼营营业税应税项目的，应当分别核算应税服务的销售额和营业税应税项目的营业额；未分别核算的，由主管税务机关核定应税服务的销售额。

2. 增值税一般纳税人与营业税纳税人的税负差异

增值税一般纳税人的应纳税额等于当期销项税额减去进项税额，而营业税是以全部营业额乘以税率为应纳税额。因此，当出现混合销售行为或兼营行为时，纳税人可以通过增值率的计算来判断哪种税对纳税人较为有利。假定一般纳税人的含税增值率为R，含税销售额为S，含税购进金额为P，纳税人适用的增值税税率为T_1，纳税人适用的营业税税率为T_2，则

$R = (S-P)/S$

纳税人应纳增值税额 = 销项税额 - 进项税额

$= [(S-P)/(1+T_1)] \times T_1$

$= [S/(1+T_1)] \times T_1 \times R$

纳税人应纳营业税额 $= S \times T_2$

当两者税负相等时，其增值率则为无差别平衡点增值率。

即：$[S/(1+T_1)] \times T_1 \times R = S \times T_2$

因此，无差别平衡点增值率 $R^* = T_2 \times (1+T_1)/T_1$

由此计算出税负平衡点的增值率，列表显示，见表4-3。

表4-3　增值税一般纳税人和营业税纳税人税负平衡点处的增值率

（含税销售额）

纳税人增值税税率	纳税人营业税税率	无差别平衡点增值率
17%	3%	20.65%
13%	3%	26.08%
11%	3%	30.27%
6%	3%	53.00%
17%	5%	34.41%

续表

纳税人增值税税率	纳税人营业税税率	无差别平衡点增值率
13%	5%	43.46%
11%	5%	50.45%
6%	5%	88.33%

根据表4-3，可得出以下税收筹划结论：如果增值率小于无差别平衡点的增值率，则混合销售行为或兼营行为缴纳增值税有利于节税；如果增值率大于无差别平衡点的增值率，则混合销售行为或兼营行为缴纳营业税有利于节税。

二、税基的筹划

税基就是计税依据，是计算税金的基本依据。增值税一般纳税人的计税依据需要通过销项税额减去进项税额进行确定，小规模纳税人的计税依据则是不含税销售额。

税基的筹划是指纳税人通过控制计税依据的方式来减轻税收负担的一种筹划技巧。在税率一定的情况下，应纳税额的大小与税基大小成正比，即税基越小，纳税人负担的纳税义务越轻。因此，如果能够控制税基，也就控制了应纳税额。税基的筹划方法通常包括三种：一是控制和安排税基的实现时间，包括推迟实现税基、均衡实现税基和提前实现税基；二是合理分解税基，即把税基合理进行分解，实现税基从税负较重的形式转化为税负较轻的形式；三是税基最小化，即税基总量合法降低，从而减少应纳税额或者避免多缴税。

增值税的税收筹划通常采用的是税基最小化的方法。

（一）差额纳税的筹划

试点纳税人提供应税服务，按照国家有关营业税政策规定差额征收营业税的，允许其以取得的全部价款和价外费用，扣除支付给非试点纳税人（指试点地区不按照《试点实施办法》缴纳增值税的纳税人和非试点地区的纳税人）价款后的余额为销售额。

为保证营业税差额征税政策在“营改增”后的继续有效沿用，最大程度地享受到差额纳税的优惠政策，符合条件的企业应尽快申请纳入试点企业名单；暂不符合条件的企业应对照政策尽快查找原因，争取早日纳入试点企业名单。

【案例4-3】甲公司是位于北京的一家货物运输企业，是试点地区的一般纳税人。2012年3月，甲公司取得货运收入100万元，且当月取得非试点地区乙公司开具的公路内河货物运输业统一发票，且发票所载运费金额50万元。

(1) 根据财税［2011］111号文件附件1，接受交通运输业服务，除取得增值税专用发票外，按照运输费用结算单据上注明的运输费用金额和7%的扣除率计算进项税额。

当月销项税额＝［100÷(1+11%)］×11%＝9.91(万元)

当月进项税额＝50×7%＝3.5(万元)

则当月应纳增值税额＝9.91－3.5＝6.41(万元)

(2) 现在可以利用试点地区关于差额销售额的规定进行税收筹划。

当月销项税额＝［(100－50)÷(1+11%)］×11%＝4.95(万元)

当月进项税额＝0

则当月应纳增值税额＝4.95(万元)

则通过差额纳税筹划，实现节税利益＝6.41－4.95＝1.46(万元)

(二) 一般纳税人选择供应商的税收筹划

由于税法规定的以增值税专用发票为抵扣凭证的要求，所以一般纳税人的进货采购渠道不同，可抵扣的比例就不同，从而影响其实际税收负担。试点地区一般纳税人采购物品的渠道主要有以下两种选择：一是选择一般纳税人为供货单位，二是选择小规模纳税人为供货单位。

根据《交通运输业和部分现代服务业营业税改征增值税试点有关事项的规定》，原增值税一般纳税人接受试点纳税人提供的应税服务，取得的增值税专用发票上注明的增值税额为进项税额，准予从销项税额中抵扣。原增值税一般纳税人接受试点纳税人中的小规模纳税人提供的交通运输业服务，按照从提供方取得的增值税专用发票上注明的价税合计金额和7%的扣除率计算进项税额，从销项税额中抵扣。

因此，试点地区的原增值税一般纳税人应尽量选择试点地区纳税人作为其供应商，以扩大其进项税额的抵扣，降低企业税负。

三、税率的筹划

税率的筹划是指纳税人通过降低适用税率的方式来减轻税收负担的一种筹划方法。税率是重要的税制要素之一，也是决定纳税人税负高低的主要因素。在计税依据一定的情况下，纳税额与税率呈现正向变化关系，即降低税率就等于降低了税收负担，这就是税率筹划的原理。一般情况下，税率低，应纳税额少，税后利润就多；但是，税率低，不能保证税后利润一定实现最大化。

各种不同的税种适用不同的税率，纳税人可以利用课税对象界定上的含糊性进行筹划；即使是同一税种，适用的税率也会因税基或其他假设条件不同而发生相应的变化，纳税人可以通过改变税基分布调整适用的税率，从而达到降低税收负担的目的。

由于我国增值税采用的是比例税率，因此只需进行比例税率的筹划，即根据同一税种对不同征税对象实行的不同税率政策，分析其差距的原因及对税后利益的影响，寻找实现税后利益最大化的最低税负点或最佳税负点。

试点地区“营改增”后的税率安排如下：（1）在现有17%、13%税率基础上，增加6%、11%两档税率；（2）提供有形动产租赁服务，税率为17%；（3）提供交通运输业服务包括陆路运输服务、水路运输服务、航空运输服务、管道运输服务，税率为11%；（4）部分现代服务业包括研发和技术服务、信息技术服务、文化创意服务、物流辅助服务、鉴证咨询服务，税率为6%；（5）年应税服务销售额500万以下（交通运输业和部分现代服务业），适用简易征收方式征收率为3%。

“营改增”试点后，一些营业税税目适用税率发生变化，不同经营项目的经营行为存在较大幅度的税率差异，例如，交通运输业和有形动产租赁业就存在5个百分点的税率差异。利用这些税率差异进行从高税率到低税率的转化。以下列举部分税率筹划技巧：

（一）利用干租和湿租的适用税目的税率差异

干租业务，是指航空运输企业将飞机在约定的时间内出租给他人使用，不配备机组人员，不承担运输过程中发生的各项费用，只收取固定租赁费的业务活动。湿租业务，是指航空运输企业将配备有机组人员的飞机承租给他人使用一定期限，承租期内听候承租方调遣，不论是否经营，均按一定标准向承租方收取租赁费，发生的固定费用均由承租方承担的业务。

根据《财政部、国家税务总局关于在北京等8省市开展交通运输业和部分现代服务业营业税改征增值税试点的通知》（财税［2012］71号）及《财政部、国家税务总局关于在上海市开展交通运输业和部分现代服务业营业税改征增值税试点的通知》（财税［2011］111号）《应税服务范围注释》第二条第（五）项规定，有形动产租赁，包括有形动产融资租赁和有形动产经营性租赁。航空运输服务中湿租业务适用“交通运输业”税目，“营改增”试点后交通运输业将由原先征收3%的营业税，调整为11%的增值税，干租业务适用“有形动产租赁”税目，营改增试点后有形动产租赁服务改征17%的增值税。

由于“营改增”试点后，湿租业务税负要低于干租业务，企业在提供航空运输服务时应尽量配备机组人员，承担起运输过程中发生的各项费用，以适用交通运输业增值税税率。

（二）利用光租和程租的适用税目的税率差异

光租业务，是指远洋运输企业将船舶在约定的时间内出租给他人使用，不配备操作人员，不承担运输过程中发生的各项费用，只收取固定租赁费的业务活动。程租业务，是指远洋运输企业为租船人完成某一特定航次的运输任务并收取租赁费的业务。

根据《财政部、国家税务总局关于在北京等8省市开展交通运输业和部分现代服务业营业税改征增值税试点的通知》（财税［2012］71号）及《财政部、国家税务总局关于在上海市开展交通运输业和部分现代服务业营业税改征增值税试点的通知》（财税［2011］111号）《应税服务范围注释》第二条第（五）项规定，有形动产租赁，包括有形动产融资租赁和有形动产经营性租赁。光租业务，是指远洋运输企业将船舶在约定的时间内出租给他人使用，不配备操作人员，不承担运输过程中发生的各项费用，只收取固定租赁费的业务活动。水路运输服务中程租业务适用“交通运输业”税目，“营改增”试点后交通运输业将由原先征收3%的营业税，调整为11%的增值税，光租业务适用“有形动产租赁”税目，营改增试点后有形动产租赁服务改征17%的增值税。“营改增”试点后，程租业务税负低于光租业务，企业在提供远洋运输服务时应尽量配备操作人员，承担起运输过程中发生的各项费用，以适用交通运输业增值税税率。

（三）利用货物运输代理服务6%的低税率筹划

货物运输代理服务，是指接受货物收货人、发货人的委托，以委托人的名义或者以自己的名义，在不直接提供货物运输劳务情况下，为委托人办理货物运输及相关业务手续的业务活动。“营改增”试点后，交通运输业适用11%税率，物流辅助服务适用6%税率，两者有5个百分点的税率差异。因为货物运输代理服务税负低，从事交通运输业企业可单独成立代理公司，将非核心业务采用代理的方式提供服务，降低增值税税负。

（四）兼营行为的税率筹划

根据《财政部、国家税务总局关于在上海市开展交通运输业和部分现代服务业营业税改征增值税试点的通知》（财税［2011］111号）文件附件2《试点有关事项的规定》规定，试点纳税人兼有不同税率或者征收率的销售货物、提供加工修理修配劳务或者应税服务的，应当分别核算适用不同税率或征收率的销售额，未分别核算销售额的，按照以下方法适用税率或征收率：（1）兼有不同税率的销售货物、提供加工修理修配劳务或者应税服务的，从高适用税率；（2）兼有不同征收率的销售货物、提供加工修理修配劳务或者应税服务的，从高适用征收率；（3）兼有不同税率和征收率的销售货物、提供加工修理修配劳务或者应税服务的，从高适用税率。

【案例4-4】某试点纳税人分别经营交通运输业、物流仓储业务，2012年取得交通运输收入1 000万元（不含税），取得仓储收入300万元（不含税），交通运输业税率11%，物流仓储业务税率6%，城建税税率7%，教育费附加税率3%。假设不考虑其他税种。

（1）企业会计核算时未对这两类收入分别核算，则：应纳增值税额＝(1 000＋300)×11%＝143（万元）

（2）如果会计核算时对这两类收入分别核算，则：应纳增值税额＝1 000×11%＋300×6%＝128（万元）

通过对不同收入分类核算，企业可以实现节税利益＝143－128＝15（万元）。

所以，“营改增”后，纳税人要完善自己的财务核算，通过对不同收入分类核算，避免增加不必要的税收负担。

【案例4-5】某试点地区运输业纳税人，除做运输业务外，还将本单位闲置的车辆对外经营性租赁。假设所有业务均未取得进项税发票，其他税费仅考虑城建税和教育费附加，以下两种模式发生的费用都相等。

（1）如果某月经营租赁业务收入5 000万元，则租赁业务应纳增值税额＝5 000×17%＝850（万元）

（2）如果该运输企业将车辆租赁的同时还为出租的车辆配备司机，收取运输服务收入5 000万元，则该运输业务应纳增值税额＝5 000×11%＝550（万元）

同样的收入额，经营模式不同，缴纳的税款也不同，上述租赁业务模式比运输业务模式多缴纳税款330万元。所以，相关行业纳税人可选择此种方法降低税负。

四、利用税收优惠政策的筹划

税收优惠是指国家为了支持某个行业或针对某一特殊时期，经常出台一些包括减免税在内的优惠性规定或条款。税收优惠是一定时期国家的税收导向，纳税人可以充分利用这些税收优惠政策，依法节税。税收优惠主要有表现为以下形式：免税、减税、退税、零税率、优惠税率等。

优惠政策属于一种特殊性政策，这种特殊性体现着国家对某些产业或某一领域的税收照顾。优惠政策的筹划可以使纳税人轻松地享受低税负待遇。优惠政策的筹划关键是寻找合适的优惠政策并把它运用在纳税实践中，在一些情况下还表现在创造条件去享受优惠政策，获得税收负担的降低。

根据《财政部、国家税务总局关于应税服务适用增值税零税率和免税政策的通知》（财税［2011］131号）规定，试点地区的单位和个人提供的下列应税服务免征增值税，但财政部和国家税务总局规定适用零税率的除外：（1）工程、矿产资源在境外的工程勘察勘探服务。（2）会议展览地点在境外的会议展览服务。（3）存储地点在境外的仓储服务。（4）标的物在境外使用的有形动产租赁服务。（5）向境外单位提供的下列应税服务：①技术转让服务、技术咨询服务、合同能源管理服务、软件服务、电路设计及测试服务、信息系统服务、业务流程管理服务、商标著作权转让服务、知识产权服务、物流辅助服务（仓储服务除外）、认证服务、鉴证服务、咨询服务。但不包括：合同标的物在境内的合同能源管理服务，对境内货物或不动产的认证服务、鉴证服务和咨询服务。②广告投放地在境外的广告服务。

【案例4－6】 A公司为试点地区纳税人，C公司为非试点地区纳税人，两家公司同时为境内B公司（增值税一般纳税人）在境外提供广告宣传服务，A公司取得的B公司支付的收入1 000万元，C公司取得的B公司支付的收入1 000万元。

根据相关规定，试点地区的企业广告投放地在境外的广告服务可免征增值税，则A公司取得的1 000万元境外广告收入可免征增值税，C公司在境外投放广告业务取得的收入1 000万元不属于免税范围，应缴纳营业税额＝1 000×6%＝60（万元），A公司比C公司节约税款60万元。

A公司如果申请为增值税一般纳税人，可以为B公司开具增值税专用发票，B公司取得专用发票后，可以作为进项税额抵扣凭证；C公司属于非试点地区，只能开具普通发票，B公司取得此发票后，不能作为抵扣进项税额的凭证。

在同等条件下，在税收上A公司比C公司有很大的竞争优势。纳税人如果存在广告投放地在境外的广告服务业务的，可以选择在试点地区内注册公司后以该公司名义提供该项服务，以享受“营改增”后的优惠政策。

五、递延纳税的筹划

递延纳税可以获取资金的货币时间价值，等于获得了一笔无息贷款的资助，给纳税人带来的好处是不言而喻的。纳税环节、抵扣环节、纳税时间、纳税地点是递延纳税法的关键。纳税人可以通过合同控制、交易控制及流程控制延缓纳税时间，也可以合理安排进项税额抵扣时间等合理推迟纳税。

递延纳税的本质是推迟收入或应纳税所得额的确认时间，所采用的筹划方法很多，但概括起来主要有两个：一是推迟收入的确认，二是费用应当尽早确认。

税法对不同销售行为的纳税义务时间，做出了明确的法律规定。纳税人采取不同的收款方式，纳税义务时间有很大差别。如果纳税人合理利用这些具体规定，就可以签订对自己有利的销售合同。

【案例4－7】 根据《交通运输业和部分现代服务业营业税改征增值税试点实施办法》规定，试点纳税人在2011年12月31日（含）前签订的尚未执行完毕的租赁合同，在合同到期日之前继续按照现行营业税政策规定缴纳营业税。

若试点前营业税政策更有利，则可利用合同相关条款，增加或延长后续服务期，提高后续期资金额，通过递延纳税的手段减轻税负；若试点后的营业税政策更有利，则利用合同缩短或加速服务期。

六、总分机构汇总纳税的筹划

根据《交通运输业和部分现代服务业营业税改征增值税试点实施办法》规定，固定业户应当向其机构所在地或者居住地主管税务机关申报纳税。总机构和分支机构不在同一县（市）的，应当分别向各自所在地的主管税务机关申报纳税；经财政部和国家税务总局或者其授权的财政和税务机关批准，可以由总机构合并向总机构所在地的主管税务机关申报纳税。

【案例4－8】某公司总机构设在北京，在云南和新疆（目前均未施行“营改增”改革）设有分公司（假设均为非试点地区）。当月北京总部增值税应税不含税收入1 000万元，进项税额20万元，税率6%；新疆分公司应税服务收入106万元，营业税率5%；云南分公司应税货物不含税收入200万元，税率17%；新疆分公司取得增值税专用发票进项税额10万元，云南分公司取得增值税专用发票进项税额20万元。

（1）不申请由总机构合并向总机构所在地税务机关纳税情况：

总机构应纳增值税＝1 000×6%－20＝40（万元）

新疆分公司应纳营业税＝106×5%＝5.3（万元）

云南分公司应纳增值税＝200×17%－20＝14（万元）

合计应纳税额＝40＋5.3＋14＝59.3（万元）

（2）申请由总机构合并向总机构所在地税务机关纳税情况：

新疆分公司应纳营业税＝106×5%＝5.3（万元）

云南分公司应纳增值税＝200×17%－20＝14（万元）

总机构销项税额＝（1 000＋106÷1.06）×6%＋200×17%＝100（万元）

总机构进项税额＝20＋10＋20＝50（万元）

分支机构已纳税款＝5.3＋14＝19.3（万元）

总机构汇总缴纳税额＝100－50－19.3＝30.7（万元）

合计应纳税额 = 30.7 + 19.3 = 50（万元）

通过上例可知，由总机构合并向所在地主管税务机关纳税总额为50万元，各自向所在地主管税务机关纳税总额为59.3万元，两者纳税金额相差9.3万元。纳税人可尽量选择合并缴纳增值税方式，不仅可以节省税款，还可以由总公司统筹考虑总体税负，及时调整经营结构，合理合法地减轻税负。

七、交易模式的筹划

通过调整交易模式可以寻找更大的节税空间，其手段灵活多变。诸如灵活运用不同销售方式的收入确认时间、利用跨年度租赁合同及母子公司之间的独立交易。采用“营改增”政策之后，交易模式的税负发生变化，通过对比不同交易模式下的税负大小选择最优交易模式能够达到税收筹划减轻税负的目的。

【案例4－9】广州甲公司为高新技术企业，下设5家全资子公司。该集团采用集权化管理，控股公司甲拥有强大的管理和技术方面的资源和能力。子公司的人力资源、法务、财务、研发、市场、供应由控股公司统一管理控制，子公司的主要管理人员由控股公司派出，其薪酬由控股公司支付。子公司非高新技术企业。按独立交易原则，控股公司向接受管理服务的子公司收取服务费用200万元。其税务影响如下：

（1）“营改增”改革之前，控股公司向子公司收取服务费需要缴纳5%的营业税及相应的附加12%，同时增加了控股公司的税前利润；支付服务费的子公司取得服务费发票在税前扣除，减少税前利润。

子公司少缴纳的企业所得税税额 = 200 × 25% = 50（万元）

控股公司缴纳营业税及附加、企业所得税 = 200 × 5.5% +（200 － 11.2）× 15% = 39.32（万元）

总体少纳税额 = 50 － 39.32 = 10.68（万元）

（2）“营改增”之后，控股公司向子公司收取服务费需要缴纳6%的增值税及相应的附加12%，同时增加了控股公司的税前利润；支付服务费的子公司取得增值税专用发票可以抵扣进项税额，且服务费在税前抵扣，减少税前利润。

控股公司缴纳增值税 = 200 × 6% = 12（万元）

控股公司缴纳城建税及教育费附加 = 12 × 10% = 1.2（万元）

控股公司缴纳的企业所得税 =（200 − 1.2）× 15% = 29.82（万元）

子公司抵扣增值税进项少纳增值税 = 200 × 6% = 12（万元）

子公司因少纳增值税而少缴纳附加 = 12 × 10% = 1.2（万元）

子公司取得服务费发票税前扣除，少纳所得税 =（200 − 1.2）× 25% = 49.7（万元）

调整后，总体少纳税 = 49.7 − 29.82 = 19.88（万元）

由以上案例可知，"营改增"后，母子公司之间采取支付服务费的交易模式的总体税负明显降低。

八、机构拆分的筹划

机构拆分指将公司不同职能部门或分支公司独立出来，通过变更组织形式，将某一业务外部化，企业整体产业链向外延伸。

【案例 4－10】北京 A 公司有研发业务部门，投入逐年增长、研发拥有公司无形资产（但高新收入比例等条件尚不满足申请高新技术企业）。公司管理层基于其他战略等方面考虑也有将其拆分设立单独的研发中心需求。因此 A 公司将研发部门拆分出来单独成立 B 公司，并申请高新技术企业，适用所得税率为 15%，经营模式为：A 公司外包 IP 设计给 B 公司，收回 IP 业务所有权（外包服务可进项抵扣）进行自行生产或授权其他子公司使用；B 公司向集团内其他公司收取技术服务费（"营改增"后可作为进项抵扣）。A 公司采购部价值增值为 R_1，生产部价值增值为 R_2，成本为 C_1，销售部价值增值为 R_3，研发部（B 公司）价值增值为 R_4，成本 C_2。

(1)"营改增"前，机构拆分前：

A 公司应缴纳增值税 $=(R_1+R_2+R_3+R_4+C_1+C_2)\times17\%-(C_1+C_2)\times17\%$

A 公司应缴纳企业所得税 $=(R_1+R_2+R_3+R_4)\times25\%$

拆分机构后：

A 公司应缴纳增值税 $=[R_1+R_2+R_3+C_1+C_2\times(1+17\%)+R_4]\times17\%-C_1\times17\%$

B 公司应缴纳营业税 $=[R_4+C_2\times(1+17\%)]\times0$（免缴营业税）

A 公司与 B 公司共缴纳企业所得税 $=(R_1+R_2+R_3)\times25\%+R_4\times15\%$

机构拆分后比较税务差异 $=C_2\times(1+17\%)\times17\%-R_4\times(25\%-15\%)$

(2)“营改增”后，机构拆分前：

A 公司应缴纳增值税 $=(R_1+R_2+R_3+R_4+C_1+C_2)\times17\%-(C_1+C_2)\times17\%$

A 公司应缴纳企业所得税 $=(R_1+R_2+R_3+R_4)\times25\%$

拆分机构后：

A 公司应缴纳增值税 $=(R_1+R_2+R_3+R_4+C_1+C_2)\times17\%-C_1\times17\%-(R_4+C_2)\times6\%$

B 公司应缴纳增值税 $=(R_4+C_2)\times6\%-C_2\times17\%$

A 公司与 B 公司应缴纳企业所得税 $=(R_1+R_2+R_3)\times25\%+R_4\times15\%$

机构拆分后比较税务差异 $=-R_4\times(25\%-15\%)$

由以上案例可知，“营改增”后进行机构拆分的纳税筹划税务差异明显不同。

九、建筑业的税收筹划

随着税制改革的深化，建筑业“营改增”势在必行。根据《财政部、国家税务总局关于印发营业税改征增值税试点方案的通知》（财税［2011］110号），拟将目前建筑业营业税改征为增值税，税率为11%。建筑业“营改增”，主要涉及建筑业及其上下游产业链，对建筑企业的发展影响深远。建筑及相关企业应准确理解税收政策，规划好税收筹划工作。对于建筑业，主要有以下税收筹划方法：一是提前开具收入销售发票，二是推迟获取购买材料的发票。

1. 提前开具收入销售发票

“营改增”之前，建筑业按照3%的税率征收营业税，“营改增”之后，增值税税率提高到11%，高出原来营业税7个百分点。根据11%的增值税税率进行税负测算，大部分建筑企业税负不降反增。建筑业属微利行业，根据2010年公布的产值利润率3.55%换算，11%的增值税税率对部分企业可能是灭顶之灾。据此，为避免可能增加的税负，建筑企业可充分利用不同销售收入确认方式提前开具收入发票，使销售收入适用“营改增”之前的营业税税率，避免适用较高的增值税税率。

2. 推迟获取购买材料的发票

“营改增”之后，建筑企业采购材料可抵扣成本中包含的进项税额，这样可实行差额纳税，合理减轻税负。因此，建筑企业可通过推迟获取材料采购发票的方式实现“税款抵扣”，合理降低税收负担。

十、采购固定资产的税收筹划

实行“营改增”后，原先按照营业税税目进行征税的企业可适用增值税进项抵扣政策抵扣采购固定资产的进项税额，由于改革后企业购入的机器等固定资产可以实行进项抵扣，预计税负会有较大下降。以广告业为例，由于税务机关保留了原先对广告业实行的差额征税政策，加之改革后企业取得的应税服务和固定资产进项税发票都可以抵扣，广告业税负得到了极大减轻。因此，利用增值税进项税额抵扣政策，可进行如下税收筹划操作：

1. 选择购买固定资产的时机

当企业购买固定资产时，必须考虑固定资产的购进时机。一般来说，购进企业在出现大量增值税销项税额时购入，这样在固定资产购进过程中就可以实现进项税额的全额抵扣。否则，若在一段时期，购进固定资产的进项税额大于该时期的销项税额，则购进固定资产就会出现一部分进项税额不能实现抵扣的现象，从而降低固定资产抵扣的幅度。因此，企业必须对固定资产投资作出财务预算，合理规划投资活动的现金流量。例如，公路运输企业，每年都会更新自有运输车辆，也往往由于业务量的增加而采购固定资产。而那些还没有进行税改又预计会纳入试点的企业，应该在税改前尽可能地避免采购大批量的固定资产，等到该地区正式纳入试点范围之后再开始大批量地进行车辆的更新换代。需要注意的是，采购固定资产时间节点的选择还应该以企业的实际情况为依据，满足采购方面的实际需求。若目前企业的运输工具已然老旧，还是为节税而故意推迟采购时间，那么势必会导致企业维修成本的上升。由此可见，应由财务部门和车辆管理部门一起按照企业的实际情况来评估采购固定资产时间节点。

2. 利用存量资产和增量资产的不同税务处理

我国现行税收政策规定，企业购入固定资产过程中支付的增值税可以作为进项税额从销项税额中抵扣，而期初固定资产账面余额则不允许抵扣，即对于增量资产允许抵扣进项税额，而存量资产则不允许抵扣。根据这一政策，企业可适当加速已有固定资产的折旧，促进资产更新。

再次，将购买固定资产的支出暂时计入“预付账款”科目中，营改增后再领取发票以享受进项税额抵扣政策。当企业将成本支出计入“预付账款”科目，这一支出可暂不计入成本，待进入营改增进项抵扣期后再领取发票，将支出从“预付账款”科目转入采购成本，确认成本，进项税额可抵扣。

十一、运费的税收筹划

“营改增”实行后，原先按照交通运输业税目征收营业税的企业按照11%的增值税税率征税。交通运输业包括陆路运输服务、水路运输服务、航空运输服务和管道运输服务。

对于支付运费能否抵扣进项税额问题，需要满足五个条件，即一是发票必须是运输业增值税专用发票（包括税务部门代开的）和铁路部门开具的铁路运输发票；二是所运输的货物（不包括自用的应征消费税的摩托车、汽车、游艇）准予抵扣进项税额；三是铁路运输发票准予计算进项税额抵扣仅是指铁路运输费用结算单据上注明的运费金额、建设基金，不包括装卸费、保险费等其他杂费；四是在法定期限内（180天内）到税务机关办理认证抵扣进项税额；五是开具货物运输业发票的单位必须与支付运输款的单位一致，才能够申报抵扣进项税额。

利用相关政策，可以采取以下税收筹划操作方法：

1. 综合考虑销售方是否应将运输服务独立出来成立专门的运输车队

“营改增”之前，运输服务按照3%的税率征收营业税，营改增后，运输服务按照11%的税率征收增值税，同时可抵扣成本支出进项增值税额。若销售方的运输车队不独立，则按照混合销售的规定将运输收入并入主营业务收入征收增值税；若销售方的运输车队独立，则运输收入则可按兼营收入规定分别计税，按照交通运输服务11%的税率征税，同时抵扣支出的进项税额。

2. 综合比较第三方物流的购入方式

若销售方无运输车队，综合比较销售方找第三方物流的税负和由采购方找第三方物流的税负。

“营改增”之后，服务提供方即第三方物流税负由营业税价内的3%提高到价外增值税的11%，服务接受方取得增值税专用发票可以抵扣，税负降低。若由销售方找第三方物流，则减轻销售方税负，若由采购方找第三方物流，则减轻采购方税负，而减轻的税负可在销售方和采购方之间进行分配，体现在双方的议价能力上，通过订立价格合同将减轻的税负体现在交易价格中。

十二、技术研发与技术培训的税收筹划

“营改增”之前，单位和个人（包括外商投资企业、外商投资设立的研究开发中心、外国企业和外籍个人）从事技术转让、技术开发业务和与之相关的技术咨询、技术服务业务取得的收入，免征营业税。技术培训按照“文化体育业”征收3%的营业税。营改增后，包括研发服务、技术转让服务和技术咨询服务在内的现代服务业按照6%的税率征收增值税。根据这一政策改变，可以采取以下两种税收筹划操作方法：

1. “定向开发”模式与“卖软件产品”模式的选择

“定向开发”则明确划为技术研发的范畴，合同约定收入按照研发服务税目征收6%的增值税。而“卖软件产品”则按照现行增值税政策对软件产品所获取的收入按17%的税率征税，同时享受增值税即征即退的优惠政策。“定向开发”与“卖软件产品”两种模式可以实现转化，当合同约定研发成功的软件产品产权属于研发方，研发方再将软件产品转让给购买方，则“定向开发”模式可转化为“卖软件产品”模式。

2. 技术培训的税收筹划

“营改增”之前，技术培训收入按照文化体育业征收3%的营业税，而营改增后，如果技术培训符合“部分现代服务业”的规定，则要按照6%的税率征收增值税，税负会有所提高，企业可通过改变技术培训的形式，使之仍然适用营改增之前3%的税率。

第五章　“营改增”的税制新布局与改革展望

“营改增”改革绝非一般意义上的税制调整举措。“营改增”改革会直接影响整个税收制度和财税管理体制。

一、“营改增”改革将加快推进

2012 年 10 月 8 日，国务院副总理李克强在北京主持召开扩大营业税改征增值税试点工作座谈会时就指出，“要抓紧制定扩大改革试点的具体方案，有序扩大试点范围，适时将邮电通信、铁路运输、建筑安装等行业纳入改革试点”。

2013 年 4 月 10 日召开的国务院常务会议，决定进一步扩大营业税改征增值税试点。一是原改革行业扩大地区试点。会议提出，自 2013 年 8 月 1 日起，将交通运输业和部分现代服务业“营改增”试点在全国范围内推开，适当扩大部分现代服务业范围，将广播影视作品的制作、播映、发行等纳入试点。二是扩大行业试点，将择机将铁路运输和邮电通信等行业纳入“营改增”试点。

2013 年将是我国“营改增”改革加快推进的一年。“营改增”改革试点范围的扩大。将会推动解决局部地区试点导致的政策差异和税收征管风险等问题，企业的竞争条件将更加公平。交通运输业和邮电通信业“营改增”在全国范围的试点，标志着我国“营改增”改革路径进一步优化，改革从“地区扩围”转向“行业扩围”，也将为“十二五”期间全面完成“营改增”改革积累管理经验。

（一）交通运输业“营改增”基本完成

2013 年，交通运输业的“营改增”试点范围将进一步扩大，根据国务院精神交通运输业中的铁路运输业会纳入“营改增”改革在全国推行。铁路运输是我国最重要的运输方式，铁路运输纳入“营改增”改革将为交通企业公平参与市场竞争创造有利条件，对制造业发展也会带来利好。我国财政部和国家税务总局正加快完善铁路运输业"营改增"改革方案，估计 2013 年年底或者 2014 年年初将会推出。交通运输业将成为全行业试点改革的重要行业。

铁路运输行业的税负会有所增加。根据我国既有的改革试点税率安排，铁路运输行业的试点税率会定为 11%，要远高于营业税的 3% 税率。如果当前铁路运输行业的进项税额不足，改革后，铁路运输行业的税负还会增加。根据我国学者姜明耀的测算①，"营改增"如果采用 10% 的税率，铁路运输行业改革后平均税负会增加 3.79%。可见，采取 11% 税率时，铁路运输行业的税负还会增加。但是铁路运输实行"营改增"有重要的意义。由于铁路运输的特点，铁路运输"营改增"可以为货物运输各个行业提供更加公平竞争的环境。对于其他行业而言，也有利于扣除其他行业的运输成本。②

（二）建筑安装业将纳入"营改增"试点范围

建筑业属于第二产业，也是第二产业中唯一不征收增值税的行业。建筑安装行业又处于社会再生产的中间环节，对于上下游产业链中的增值税抵扣链条的完整性至关重要。建筑业营业税的税收收入占全部营业税的比重约为 20%，而土木工程建筑业、建筑安装业占建筑业营业收入的 80%。建筑业"营改增"对于整个营业税改革的意义非常重大。从营业税建筑行业的税目看，建筑业中包含建筑、安装、装饰、其他工程作业等具体税目。

我们认为，2013 年建筑业实行"营改增"改革将会是建筑业整个行业的"营改增"改革，而不会仅仅是建筑、安装两类税目。

建筑业实行"营改增"后税负会有所下降。有关建筑业"营改增"后税率和税负的关系，杨默如③采取建筑业重点税源企业相关数据资料进行了测算后认为：全社会营业税改征增值税后的标准税率统一为 17%，则建筑业增值税税负相当于现行营业税税率为 2.50%；如果增值税的税率统一为 13%，则

① 姜明耀：《增值税"扩围"改革对行业税负的影响——基于投入产出表的分析》，《中央财经大学学报》，2011 年第 2 期。

② 姜明耀：《增值税"扩围"改革对行业税负的影响——基于投入产出表的分析》，《中央财经大学学报》，2011 年第 2 期。

③ 杨默如：《中国增值税扩大征收范围改革研究——基于营业税若干税目改征增值税的测算》，中国税务出版社 2010 年版，第 133 页。

相当于营业税税率为1.91%。

我国建筑安装行业的“增值率”并不高，根据我国统计年鉴的数据进行测算，2006~2011年期间都不超过20%，2011年期间增值率为18.85%。如果“营改增”的增值税税率预计定为11%，则预计建筑安装行业“营改增”后税负会有所下降。建筑业的小规模纳税人，由于实行3%的征收率，与营业税的3%的税率持平，“营改增”改革后的税负也不会加重。但是对于建筑业的一般纳税人，如果原材料大量从个体工商户等进货，可能会难以取得抵扣凭证，可能会出现部分建筑安装企业因抵扣不足出现税负加重的情况。建筑业“营改增”改革将有助于规模较大的建筑业企业发展。

建筑业“营改增”对于房地产行业也有减税效应，房地产行业会因建筑安装、设计、市政配套等有关费用的抵扣而使税负减轻。由于房地产行业和建筑安装业务联系紧密，两者联动进行“营改增”的可能性较大，房地产行业也会迎来新一轮的发展良机。

（三）邮电通信业“营改增”进入全国试点

信息产业的投资和消费是扩大内需的重要组成部分。随着信息技术的发展，人们对邮电信息产业的依赖程度逐渐加深，信息技术投资占企业投资比重、信息产品及服务占家庭消费的比重明显上升。当前，我国信息消费呈爆炸式增长态势，其对内需的强力拉动作用已经显现。智能终端和宽带网络的日益普及，进一步激发了居民对信息服务的消费需求。信息消费具有结构层次高、绿色无污染、带动作用强的特点，成为各国新的消费热点。实行扩大信息消费和投资的经济政策，带动信息产业发展，也是我国经济结构调整和转变经济发展方式的新的方向。

邮电通信产业“营改增”有望全国实施。由于邮电通信业的自身特点，“营改增”不适合进行部分地区试点。2013年，邮电通信业将在全国推进“营改增”改革。我国税务部门在2012年上半年已经进行了“营改增”测算、政策研究、企业调研等工作。部分地区如江苏连云港、无锡等已经进入了试点培训。申银万国证券研究所有关测算显示，目前邮电通信业增值税税率平衡点约为11.15%。三家运营商也成立了营改增联合工作小组，对“营改增”改革的行业影响进行测算。未来邮电通信业将对不同的业务适用不同税率。例如，语言业务可能按照11%的税率征收，而相关的信息系统集成和增值业务将可能纳入部分现代服务业，按照6%的税率征收。邮电通信行业"营改增"试点后，行业的税负会有大幅下降。

二、对"营改增"改革范围选择的思考

推进营业税改征增值税，扩大增值税的征税范围，实现商品和劳务服务的一体化征税，是流转税制发展的方向。从我国现有的"营改增"改革的总体规划看，我国要在整个"十二五"基本完成"营改增"改革。但是，我们也有一个疑问，从税收征管角度考虑，我国正在实施的"营改增"改革的范围到底有多广？是否要对现行所有的营业税的行业都要改为征收增值税？

从增值税在国际上征收实践看，虽然存在着商品劳务的一体化征税趋势，但也不是所有的劳务与服务业都实行增值税。世界增值税征税范围的扩大是一个渐进过程，增值税征税范围的扩大取决于人们对重复征税的容忍度和税收征管条件两个因素。尽管理想的增值税应该实现普遍征收，但是由于某些行业、货物或者劳务的特殊性和复杂性，以及高昂的征税成本等因素，政府最终也不得不放弃征收增值税。因此，无论增值税征收范围如何扩大，始终存在一些政府无法或不愿涉及的领域，由此形成了增值税征收上的禁区。著名的增值税专家爱伦·泰特在《增值税国际实践和问题》一书中提出了8种"难以征收的货物和劳务"，即建筑业、租赁和代理业、金融服务业、境外提供劳务、拍卖商和二手货、手艺人、赌博和抽彩、赛马等。事实上，从目前推行增值税的国家看，既使是在已实现全面征收增值税的欧盟国家，也存在增值税的免税区域，如，法国对大部分的金融交易活动，德国对不动产、金融交易、运输和交通等均实施了免税。

我国增值税征收范围是否存在征收禁区呢？我国由于营业税税负与增值税税负差异越来越大，社会上从减少重复征税促进服务业发展和产业结构调整的角度，提出要扩大增值税征税范围。政府从结构性减税和税制简化完善出发，也积极推进营业税改征增值税的渐进式改革。但是，我国实行增值税的全覆盖也还存在一定困难。

如在金融行业，考虑存贷款资金流转的复杂性、违约风险和通货膨胀风险，以及银行难以从企业和个人储蓄的利息支出取得抵扣凭证，使增值额的准确计算变得十分困难。因此，世界还没有一个国家对所有的金融活动全面征收

增值税。从欧盟国家的增值税征管实践看，大部分国家都对金融业免征增值税。由于金融业的税收抵扣机制难以实现，马达加斯加、摩洛哥、乌拉圭、塞内加尔等国家采用一种近似全额征税的方法把金融业纳入增值税征税体系，即运用“直接账户相加法”算出增值额进行征收。

再如，邮电通信业内部结算均以电脑记账，许多应税收入在关联企业以及内部结算中消化，税务机关如果没有建立与之相对接的网络平台，对其有关内部往来结算凭证无法准确认定，税收征管和税收审计也变得比较困难。因此，我国在“营改增”改革中，也需要借鉴其他国家增值税运行的经验，全面权衡“营改增”改革，谨慎把增值税扩展到征收营业税的所有行业。

知识链接

建筑业“营改增”的税会影响

在备受瞩目的“营改增”试点第一年里，关于上海及其他各省市的改革方案及试点情况得到了社会各界的关注，从市井平民到各派经济学家，无不参与到热火朝天的议论中。虽然在这一年的试点方案中，同属于营业税征收范围内的建筑业未被完全纳入营改增试点中，但根据财税［2011］110号文《营业税改征增值税试点方案》，我们可以展望在“十二五”期间建筑业从营业税改征到增值税是大势所趋。

利用这段从部分试点过渡到全面推广的宝贵时间，建筑行业协会、专家以及财税界学者纷纷进行调查研究，针对《营业税改征增值税试点方案》中提及的建筑业将按11%的税率征收增值税这一规定对建筑业未来发展可能带来的种种影响发表了自己的看法。从中国建设会计学会受住房和城乡建设部委托组织的调研测算和2012年7月住建部建筑市场监管司组织税改研究小组在北京、江苏等5省市进行的营改增初步测算来看，数据结果都反映出按11%税率征收的营改增方案将导致绝大部分建筑行业企业税负增幅较大，甚至可能达到90%以上。

1. 营改增对建筑行业的税会影响

建筑业作为国家的重要产业，每年可创造大量的产值及就业，它既是产品的生产企业，又是产品的安装企业，人员和建筑设备为主的建筑方式使得建筑工程流动性较大，且生产周期普遍较长。现行建筑业按照工程收入的3%征收营业税，以一家收入为100万元的建筑企业为例，需要缴纳3万元营业税，若改为按11%税率征收增值税，由于增值税是价外税，企业需要缴纳9.91［100÷（1+11%）×11%］万元销项税额，但企业将有与成本、费用相关的进项税额抵扣。

（1）对收入和成本的影响。由于建筑市场是买方市场，业主在合同价格条款谈判上占绝对优势，营业税改增值税后，相同标准的材料合同价格变化不大。而增值税是价外税，建筑合同总价变成含税价格，同等条件下，以固定造价合同为基础，营业税改征增值税后对建筑业收入和建筑成本的确认产生影响。

由价内税改到价外税，对工程结算收入进行分析，按11%税率计算，收入将减少9.91%。从理论上对建筑业的成本进行计量，建筑工程的三大主材中钢筋一般占工程总造价的20%—30%，水泥占造价的10%—20%，这两项适用增值税率均为17%，还原成不含税价格后成本将减少14.5%［1-1÷（1+17%）］；木材适用增值税率为13%，不含税成本将减少11.5%［1-1÷（1+13%）］。

如果这三大材料都从小规模供应商购买且到税务局开具相关增值税发票，则只能抵扣3%的进项税额。如砖、沙、石等其他地面材料一般由建筑企业在施工地就近采购，难以取得发票或者直接降价购买，若营改增后小规模卖家可以委托税务局开具发票，则成本可以减少2.9%。混泥土材料目前按6%征收增值税，则该项成本可以减少5.6%。但从实务方面来说，建筑企业的上游供应商多为小规模纳税人，难以取得抵扣所用的增值税发票，实际成本降低额难以达到理论水平。除了材料费，人工费也占到了工程支出的30%左右，且劳务一般为企业外购。如果按照增值税活劳动不得抵扣的一般原理推断，将无法取得相应增值税发票，则企业人工费无法抵扣，致使总包企业成本不降税负反升。

（2）对税负的影响。建筑工程项目流动性较强，且在建筑行业，建筑施工企业所需要购买的砖、瓦、灰、沙、石等地方材料较多来源于农民经营，季节性强，货主一般要求现场现金交易，这些上游企业多是小规模纳税人或者农户，如果按小规模纳税人提供3%的发票，或者像一般农户基本不可能提供增值税专用发票，这对建造中大量使用这些施工原料的建筑企业来说，难以保障足额获取进项增值税发票，抵扣额明显不足。且在“营改增”试点改革阶段，不是所有涉及建筑成本的行业都统一实施增值税，甲方供材、劳务用工、固定资产折旧和设备租金、未付完的材料款、水电气能源费用等各种支出都没有增值税发票，会导致可进项抵扣的项目不能抵扣。只有在企业进项税额的可扣除额大于工程收入的9.91%时，税负水平才能与营业税税制下的税负持平或有所下降。

(3) 对利润的影响。当期确认的合同收入 = 合同总收入 × 累计完工进度 - 以前会计期间累计已确认的收入

当期确认的合同费用 = 合同预计总成本 × 累计完工进度 - 以前会计期间累计已确认的费用

实行营业税时，合同收入中包含营业税，而实行营业税改征增值税后，合同收入中不包含增值税，同时，实行营业税改征增值税，合同预计总成本中与成本有关的原材料、燃料和租赁费等发生的增值税进项税额不再是实际成本的组成部分，合同预计总成本将比实行营业税改征增值税前少，当期确认的合同收入按总价剔除了增值税进项税额，而当期确认的合同费用只剔除了原材料、燃料等项目部分增值税进项税额，因此，当期确认的合同收入和合同毛利比没有实行营业税改征增值税前有所减少。

(4) 对资产和负债的影响。由于增值税是价外税，建筑企业购置原材料、固定资产等可按规定在会计处理上将增值税进项税额从原价扣除，资产的账面价值比实施营业税课税时小，这样资产入账价值将比实施增值税前有相当幅度的下降，在设备使用年限内折旧总额也会同比例下降。在负债总额不变的基础上可能导致资产负债率上升。固定资产净值在下降，资产结构也将发生变化。

同时，由于建筑企业购买固定资产等可以进项税抵扣，会促进企业进行固定资产投资等经济活动，而投资可能需要贷款。但营改增后的金融业可能被划为简易征税类，大额的贷款利息没有进项抵扣，就会造成企业负债增加，使企业权益资产负债率增加。

(5) 对现金流的影响。目前建筑业普遍实行的是建设单位代扣代缴营业税的方式，建设单位验工计价时，采取从验工计价和付款中直接代扣代缴营业税。营业税改征增值税后，建设单位将不能直接代扣代缴增值税，直接由建筑企业所在地按当期验工计价确认的收入缴纳增值税，但是建设单位验工计价并不是给建筑企业立即支付工程款，建筑行业工程款拖欠较为严重，往往滞后一段时间，有的时间还比较长。营改增后，这一情况极有可能得不到改善且使得企业资金链更加紧张。

同时，验工计价单中还要直接扣除5%—20%的预留质量保证金等，而应交增值税当期必须及时缴纳，但预留质量保证金等要到工程项目竣工验收后才能支付，工程款收回大大滞后于工程施工进度。一是企业要垫付工程项目建设资金和垫付未收回款项部分工程的税金。二是由于工程款的拖欠会导致没有充裕的资金向材料商等上游供应商和分包商支付款项，则得不到其开具的增值税发票，导致无法进行进项抵扣，这样必将导致企业现金净流出增加，加大企业流动资金紧张的程度，影响企业生产经营。

2. 政府如何做好建筑业"营改增"的若干建议

(1) 做好政策制定前的税收调研。一个行业的政策必须考虑这个行业的实际情况，不同行业经验是缺乏借鉴性的。建筑业由于其施工的不固定性，不适合地区试点，且考虑到该行业的抵扣问题应尽量完善其税率与其实际负担的匹配情况。2012年5月下发的建办计函〔2012〕205号《关于组织开展建筑业企业营业税改增值税问题调研工作的通知》正是以此目的出发，安排各省市对2011年建筑行业企业营业税缴纳情况进行摸底，对将要进行的营业税改增值税税负情况进行测算并进行对比，分析研究实施此项税收对建筑业企业的影响，提出相应政策建议。

(2) 细化纳税时间。结合建筑业生产和收款周期的特殊性，对建筑业改征增值税后，其纳税义务发生的时间均为实现价款结算收入的当天。实际缴纳时间则根据建筑业会计制度关于工程价款结算的四种方式确定，即一次结算、月结算、分段结算、其他结算分别进行，而不是简单地按年度征收税款。从而尽可能避免造成建筑企业资金链条断裂，影响企业未来健康发展。

(3) 给予过渡性政策与优惠。考虑到营改增试点过渡期可能导致的税负增加效果，目前北京、上海均设立了专项基金，对营业税改增值税导致税负增加的企业实施财政补贴。广东省财政也将安排约10亿元设立试点专项资金，补贴税负增加的企业。同时，具体化的革新政策也应及时跟进。例如鉴于建筑安装、交通运输、研发技术服务、文化创意等不同行业的运作特征迥异，增值税的税率档次也应该在既有四档的基础上再做细分；又如各行业的抵扣项应根据实践反馈做出相应增加，对于建筑、物流等行业难以取得进项增值税发票的客观情况要给出弹性处理方案等。

三、中国税制将因“营改增”重新布局

“营改增”改革是我国1994年税收制度改革以来的最重大的税收制度调整，这项改革不仅会直接影响改革行业的税负变化，从而影响到我国整个产业结构和产业调整，还将对我国整个税种结构和税收制度产生重要影响。

（一）现行增值税制度必须进行重大调整

1. 增值税税率结构需要重新调整

从世界范围看，增值税的税率结构有趋于简化的趋势。增值税自1954年首先在法国实行以来，到2011年为止，世界上已经有148个国家实行了增值税制度。从世界各国实行的增值税的情况看，尽管各个国家由于历史传统、财政收入压力、征管能力的差异导致在税率的选择上也存在较大差异，但是从增值税发展趋势看，增值税税率结构倾向于简化。实行增值税的国家中，约有54%的国家实行了单一税率结构，实行多档税率结构的国家占到46%。在实行多档次税率结构的国家中，只有少部分国家实行3档以上税率结构（见表5－1）。

国际货币基金组织的专家认为，增值税具有普遍征收和中性特点，设计增值税时，不应过分考虑税收照顾和免税问题，也不应实行过多税率档次和较高的税率。税率档次过于复杂，不仅会带来税收征管的复杂性，还会诱发纳税人的逃税行为。因此，国际货币基金组织建议，增值税最好实行单一税率，最多采用两个税率，强烈反对实行三个以上的税率。①

① 靳东升：《世界税制改革的发展动向》，http：//www.cssn.cn/news/529468.htm。

在税收实践中，复杂的增值税税率结构会带来一系列弊端。欧盟各国的增值税的税率水平和结构差异较大，在欧盟经济一体化的过程中，复杂的增值税税率结构已经成为阻碍欧盟经济一体化和投资增长的重要原因。欧盟委员会发布的《增值税的未来：面向一个更加简化、稳健和高效的增值税制度》绿皮书中提出，复杂的增值税税制结构已经带来三个严重弊端：

（1）增值税的复杂性增加了工商企业的管理负担。由于欧盟各国增值税复杂，其增值税的管理负担已经占到企业管理负担的60%。由于增值税税制复杂，世界投资者对欧盟的投资意愿也有所降低。

（2）阻碍欧洲内部统一市场的形成。由于欧盟成员国内部增值税税率结构的差异，成员之间跨境交易已经受到增值税制度差异的阻碍，造成了跨境经济活动降低。

（3）造成增值税征收率下降。由于成员国内部的税制结构复杂，导致企业在跨境经济活动中利用税制缺陷进行税收欺诈。

2008年，欧盟成员国家的实际税收收入只占理论增值税税收收入的55%。同期，日本、韩国等税制相对简化的国家的增值税的征收率要高许多，征收率已经达到73%。为了实现增值税制度与单一市场的一致性，同时也为了改善欧盟经济效率、加强增值税本身的稳健性，减少税收遵从成本和征收成本，提高税收收入能力，欧盟已经下力气要推动增值税的改革，目的是要简化欧盟的增值税的税率结构，实行欧盟内部的增值税的协调。

"营改增"导致我国增值税的税率结构非常复杂。"营改增"改革后，由于交通运输业和部分现代服务业采取11%和6%两档差别税率，使得我国增值税的税率从原来的三档增加为五档，成为世界上增值税税率档次最多的国家之一。

为了减少"营改增"改革阻力，同时考虑财政的承受能力，不致使财政收入减少太多，我国"营改增"改革坚持改革前后税负基本不变的原则。由于我国原营业税的税目多、税率结构档次多，坚持改革前后税负基本不变，在税率结构的设计上必定会非常复杂，使税率结构档次有所增加。复杂的税率结构不仅不利于行业之间税负公平，也会带来税收征管的复杂化，导致征管效率下降和避税活动猖獗。

随着改革的进一步推进，我国增值税的税率结构必须重新调整。在我国宏观税负较高的情况下，如何选择标准税率、如何确定税率结构和档次，都直接关系到原来增值税征收行业和改革行业的税收负担的重新分配和调整。增值税制度的变化势必会对我国资源配置的方向和结构产生很大的影响，也会直接影响政府的税收收入水平。因此，“营改增”改革中和改革完成后，增值税税率结构的设计和基本税率的调整都是我国政府面临的一个大难题。从我国宏观税负的总体水平看，从企业的实际税收负担水平看，减化增值税的税率结构，降低增值税的标准税率水平，应该是增值税改革应该坚持的基本方向。见表5-1。

表5-1　　世界主要国家和地区的增值税税率对比

国家	基本税率	低税率	说明与备注
法国	19.6%	2.1%，5.5%	农产品、有价证券、报纸及定期刊物、保险等实行免税。
德国	16%	7%①	
英国	17.5%②	5%	食品、书籍与出版物、客运等实行零税率。
意大利	20%	4%，10%	
奥地利	20%	10%，12%，16%	
比利时	21%	6%，12%	
土耳其	18%	1%，8%	
俄罗斯	18%	10%	
巴西	18%	7%，12%（州际运输）	某些高档奢侈品为25%。
墨西哥	15%	8%	应税项目联邦税率13%，地方税率2%。杂志出版实行零税率。食品和药品实行8%。
中国	17%	3%，6%，11%，13%	
丹麦	25%		
挪威	22%		
韩国	10%		
印度尼西亚	10%		
泰国	7%		

① 2007年1月1日起，低税率从4%和8%调整为7%。

② 2008年12月1日至2009年12月31日期间暂减为15%。国内使用的燃料和电力实行低税率。

续表

国家	基本税率	低税率	说明与备注
越南	10%	5%	
新加坡	5%		
中国台湾①	10%	0.1%，1%	

2. 现行增值税制度需继续转型改革

（1）"营改增"改革对行业税负公平提出新要求。为顺利推进"营改增"改革，改革行业的税负不要变动太大，行业之间的税负也要尽量实现基本公平。行业税负除了与行业所适用的增值税税率水平相关外，还与业务相关方适用的增值税税率以及增值税的抵扣范围有关。根据现行增值税抵扣计算法，企业的增值税税负为：$增值税税负率=\frac{销项税额-进项税额}{销售额}$。假设企业A生产经营中需要购进商品或者应税服务的种类为i（i=1，2…，n）。购进的第i种商品或者应税服务的数量为X_i，销售该商品或者服务i的企业B适用的增值税税率为μ_i，这一增值税的税率对企业A而言也就是购进商品或者应税服务i的进项税率。企业A销售的商品或者服务j的数量为X_j，其适用的增值税的税率为μ_j^*，即为企业销售j的销项税率。则企业A在销售商品或者服务j时，实际负担的增值税的税率为：$r_j=\frac{\mu_j^* X_j-\sum_{i=1}^{n}\mu_i X_i}{X_j}=\mu_j^*-\sum_{i=1}^{n}\mu_i\frac{X_i}{X_j}$

我们可以由此判断，对于不同行业中的企业而言，能够抵扣的销项税率μ_j^*不同或者购进商品或者服务的进项税率μ_i不同、抵扣的进项金额与销售额的比例$\frac{X_i}{X_j}$不同，都会影响到企业A的实际增值税负担。因此，要实现不同行业的增值税税负公平，在一定的税率水平下，增值税的税收扣除范围大小直接影响行业的税负水平。

（2）"营改增"改革需要增值税本身转型完善。我国现行增值税制度还是

① 0.1%销售农产品的增值税税率，1%小规模纳税人的增值税税率。为鼓励小规模纳税人，还允许按其取得的发票的10%抵扣进项税额。

不完全消费型增值税，能够实行进项抵扣的范围较小。现行增值税制度主要是以第二产业的生产性企业为征税对象设计抵扣制度，以机器设备、原材料等物耗作为主要的抵扣项目为基础计算的增值率。原征收营业税的行业中主要是一些劳动密集型和人力资本密集型行业，其在成本构成上与第二产业存在较大差异，在现行的增值税抵扣制度下，能够进行抵扣的成本项目有限，从而使得原征收营业税的行业改征增值税后的增值率偏高。因此，“营改增”改革在扩大增值税征收范围的同时，增值税制度本身的不完善导致的行业间因抵扣制度的限定导致的税负不公的问题就暴露出来。

扩大增值税抵扣范围，实现增值税制度从不完全消费型向完全消费型转型，成为我国“营改增”改革中不可回避的制度问题。通过增值税本身的完善，扩大增值税进项税额的扣除标准和范围，使得不同行业的税收意义上的增值率计算口径基本一致。增值税抵扣制度的完善，也可以弱化增值税税率选择的难题，从而有助于简化税率档次，减少税负不平衡的问题。

（二）整个税制因“营改增”改革而面临重构

“营改增”改革后，我国税制结构也会发生一系列变化，其突出表现是增值税在整个税收制度的地位进一步上升，增值税的主体税种地位将会得到强化，营业税将会逐渐退出中国的税收历史舞台。地方税收体系因营业税的逐渐消失而弱化，如果不改变我国中央和地方政府之间分级财政管理体系，就必须加强地方税收体系建设，通过调整现有税种或者开征新的税种来弥补营业税缺失造成的地方主体税种缺失的空档。由此，我国整个税收制度中税种结构将有新的调整，我们可以预测，财产税和资源税将成为重要的改革税种，其在整个税收制度的地位将有所提升。

房产税将成为重要的地方税税种。我国现行制度下，营业税是地方主体税种，其对地方财政收入的贡献要高于增值税。“营改增”改革后由国家税务部门征管，其税收收入暂由地方政府使用。但这种安排只能作为一种过渡性安排，随着改革的推进，增值税是中央与地方共享税的性质不会变化。这样一来，地方主体税种会存在缺位。地方政府有独立的税种筹集财政收入是地方政府财权完整的重要条件，营业税改革后将由财产税来替补。财产税最适合作为地方税种。我国财产税制相对弱化是我国整个税制结构的一个欠缺，增加财产税在整个税收制度中的比重，一直是我国税收制度完善的重要目标。“营改增"改革所导致的地方税种的缺位将很快会由财产税制来接替。我国正在努力进行房产税征收试点，积累房产税管理经验。我国房产税正在进行两类房产税的试点，一个是重庆和上海对个人住房征收房产税；另外一个是在湖北、湖南对企业房产征税，即按照房屋评估值，对企业房产征税。如果个人征收房产税和房产税税基评估两个问题都成熟了，房产税征收的时机也就成熟了。届时，房产税将会成为地方政府财政收入的重要税种。

资源税改革的步伐将加快，地方政府将会分享更多的资源税收。随着我国科学发展观的进一步落实，我国将会更加关注资源节约利用，加强资源保护，调整改革资源税成为税制改革的重要内容。资源税改革将会从扩大征税范围、提高税率标准、改进计税方式等方面加以推进。更为重要的是，未来我国资源税制建设应给予地方政府更多的税权空间，地方政府将会分得更多的资源税收入，成为弥补"营改增"后地方税收收入的一个重要来源。

四、"营改增"改革诱导财政管理体制改革完善

（一）"营改增"改革迫切需要中央与地方财力的重新分配

"营改增"税收收入归属管理办法不可能一直延续下去。为减少"营改增"试点的复杂性，在改革行业税收收入分配上，采取了"试点期间原归属试点地区的营业税收入，改征增值税后收入仍归属试点地区"的处理办法，避开了"营改增"收入在中央与地方政府之间分配的难题。目前，试点行业较少，作为一种临时措施是恰当的。如"营改增"改革继续推进，就不能不重新考虑税收收入重新分配的问题。

在当前增值税制度下，改革试点总体上起到了减税效应。上海、北京等试点地区改革经验已经表明，"营改增"对于原来征收增值税的一般纳税人、改革行业的小规模纳税人、多数试点行业的一般纳税人都具有减税效应。如上海市"营改增"运营8个月来，试点企业的税负明显下降，总体减少税收12.2亿元，原来增值税一般纳税人的多抵扣进项税额106.5亿元。天津市经过测算地方财政收入会减少65亿元。广东省经过测算，开展"营改增"试点预计可以减轻企业税负约100亿元。浙江省约95%试点纳税人税负将下降或持平，当年财政总收入减少约60.1亿元。其他省市的财政收入也预计有不同程度的减少。

如果“营改增”改革行业范围进一步扩大，我国流转税中存在的重复征税还会进一步减少，地方政府的税收收入也会减少。由于当前地方政府财力已经非常紧张，地方政府负债率已经较高。为了实现地方政府预算平衡，中央和地方必须重新调整财力分配格局。适当调整增值税税收分配制度，提高地方政府财力是一种可能选择。中央和地方政府因为“营改增”改革涉及财力调整的范围可大可小。

如果仍然维持中央和地方的财力分配格局总体不变，增值税作为共享税，需要重新调整增值税在两级政府之间的分享比例。实行增值税制度以来，中央一直在增值税收入中拿大头，地方分享比例较低。“营改增”改革完成后，增值税收入的重新分配必须根据中央和地方财权事权相一致的基本原则，使“营改增”改革对税收收入重新测算，深入研究改革后增值税的收入来源地区结构，在保证地方政府财政能力的同时，兼顾好地方政府之间的财政收入差距，设计更加合理的中央对地方的税收返还制度，适当向中西部地区倾斜，解决税源地和税收收入分离造成的地区之间的财力不均衡问题。

（二）税收征管制度面临新的改革压力

多个税收征管机构并设弊端突出。我国税收征收管理机构目前有国税、地税、海关、财政部门四个机构。海关负责关税、进口环节增值税和消费税等进出口税收的征收。国税系统和地方税务系统按照中央税、地方税和共享税的划分不同，实行按税种征收。由于我国税收征管权的不断调整，税收中实行税收分成管理的税种越来越多，国家征收管理权有不断上收趋势，征税范围的划分变化和税收执法权限也不断调整。对纳税人而言，纳税人需要同时在两个税务机构登记、申报纳税，同时接受两个税务部门的管理和稽查，其征纳成本也不断上升。对于征收管理机构而言，两大机构分设不仅直接增加了税收征管的行政成本，其征管权限交叉、管辖不明也使得两大机构协调成本上升。虽然美国、日本也分设两个征管机构，但相比较我国的征收成本确实偏高。如美国的税收征收成本占税收收入总额的0.58%，日本为1.13%，而我国已接近8%。

征收管理范围变化使得国地税合并的呼声渐高。在实行分税制的国家中，绝大多数都对税收管理组织进行分设，大部分国家的中央政府和地方政府都有相对独立的税务机构，但是，由于“营改增”导致中央政府税收分成提高，地方税收管理范围越来越小，高昂的税收征管成本使得国内一直有呼吁国地税系统合并的声音。营业税是地方政府的最主要的税收收入来源之一，也是地方税务部门的主要的征税对象，"营改增"后，这些行业的企业税收征管都转归国税部门征收管理。随着改革行业的不断扩展，地方税务部门的征管范围将会进一步变窄，征管职能进一步弱化。"营改增"后，我国还可能在少数行业征收营业税，其他地方税种少而零散，如果不进行相应调整，现有的地方税体系难以满足地方政府财政需要。地税机构作为地方政府独立征收机构存在的意义也受到质疑。改革我国税收征管，推进国税、地税两个机构的进一步改革已经十分现实。

改革方案如何选择是政府面临的一大难题。对于地方税务机构是否保留，存在两种有争议的思路：一种思路是地方税务机构的一切业务都合并进国家税务部门，实现税务部门的完全合并。与此相适应，原来地方税务机构的人员也都相应地划归为国税部门。另一种思路是保留地方税务部门，但不一定是采取"地税局"的称呼，可以改为"地方收入局"。除了征收地方税之外，有些政府收费、行业性收费也可以由地方政府部门代理征收，以继续履行服务地方政府这一职能。

实际上，有关税务部门改革的方案的选择更为根本的是我国税收征管权的重新定位问题。我国是一个中央集权国家，在财政收入的分配上，中央政府难以放松对财政的控制权。为了实现中央政府对地方政府的财权控制，我国实行的分税制改革也与实行联邦制的国家有很大不同，中央和地方政府的税收分权划分缺少顶层法律依据。在法律框架缺失的情况下，中央政府处于自身财政控制权的需要，经常单方面改变地方政府收入和支出责任以及政府之间的财政制度安排，中央政府不断将税权上收，收入分配上从划分税种向按税种实行收入分成共享转化的趋势非常明显，中央和地方的税收分成比例在不断调整变动。

中央税权上收使得中央财政收入占整个财政收入中的比重上升，从1993年的22%上升到2009年的52.4%。2011年与2009年相比较，中央财政收入的比重有下降趋势，但仍维持在49.4%的高水平，几乎占到全国财政收入比重的一半。对于地方财政缺口，中央政府更喜欢利用财政转移支付制度来进行调整。因此，从这个角度看，我国税收管理机构的改革还有赖于我国政府财政关系的深层次调整。如果我国政府之间的财政关系不做进一步明确调整，地方税务机构的单独设立意义就不大。与其单独设立增加征管成本，不如实现两个机构的合并，实现征税信息的统一管理，完全可以实现按税种实行分别征收划归不同的政府使用。

五、中国税制未来走向的展望

我国面临的国际经济环境仍然严峻。欧盟各国经济增长仍然乏力，2012年的前三季度经济呈现负增长，美国经济也面临着诸多困难。全球经济恢复到金融危机前的增长态势还有很多的不确定性。受欧美经济不景气的影响，2013年，我国经济继续坚持“稳中求进”的基调，经济增长实现“稳增长、转方式、调结构”，关键是全面深化经济体制改革。中央要求要以改革红利代替人口红利，要深入研究深化改革的顶层设计和总体规划，其中财政体制改革将是我国未来改革的重要组成部分。

我国整个财税制度将会进行深层次调整，“营改增”改革已经开启了我国新一轮财税制度改革的大幕。“营改增”改革不仅是作为当前“保增长、调结构”的减税措施，作为涉及营业税、增值税两大税种的重要改革，不仅直接涉及我国税收制度的重复征税、增值税本身的进一步完善和重构，还涉及中央和地方增值税税收收入分配、中央与地方之间的财政转移制度改革、中央与地方税收体系重新构建、国税与地税两大税收机构改革等一系列重大的财税制度问题。通过“营改增”改革，我国不仅能够实现商品和劳务的一体化征税，促进各个行业的税收负担的公平，激发微观经济主体的经济活力，还会使我国建立起更加公正合理的税收制度，促进我国财政管理体制的完善，为我国经济长期发展奠定坚实的财税制度基础。

“营改增”改革将会继续深入推进，未来“营改增”改革可能会在以下四个方面取得突破：

一是“1+6”行业试点地区继续扩大。“营改增”改革试点将会继续扩大地区试点范围，河南、河北、山东、青岛、江西、四川、陕西、青海、新疆等多个省市将会是选择改革试点的区域。

二是试点行业的范围继续扩大。我国将在“1+6”行业试点改革的基础上，继续选择某些行业扩大试点。现代服务业将扩大试点行业，广播影视作品的制作、播映和发行将纳入试点，邮电通信、铁路运输和建筑安装等行业将会作为后续试点行业选择全国试点，以继续积累“营改增”改革的经验。全国试点有助于进一步分析“营改增”改革对地区财政竞争的影响，以为未来地区之间的财政收入公平和中央对地方财政转移支付制度的设计提供实践依据。

三是增值税试点税率的重新调整。未来改革会更加重视改革行业税负不公平的问题，“营改增”改革后增值税的税率水平和税率结构会有新的安排。政府会适当降低税负加重行业的税率水平，并适当简并增值税的税率结构，增值税将向税率结构简化迈出重要一步。通过税率结构的调整，相应的财政补助等措施将会弱化。“营改增”改革的制度运行成本将会进一步降低。

四是增值税分享比例的调整。随着改革范围的扩大，增值税收入在中央和地方之间的分配方式将会调整，增值税还将作为中央和地方政府的共享税，中央收入分成比例将会下调。通过增值税分配比例的调整，中央政府将适当分担改革的成本，减轻地方政府的改革压力。

附录一 “营改增”前后的会计处理比较

过渡期后，即“营改增”全面推行之后，就不存在试点纳税人和非试点纳税人的区别，交易双方均为增值税纳税人，提供应税服务的增值税纳税人和销售货物的一般纳税人会计处理没有差别，以下通过列表的方式对营改增前后一般纳税人和小规模纳税人的会计处理方式进行比较。

	“营改增”前	“营改增”后
一般纳税人	1. 提供应税服务 借：银行存款 贷：主营业务收入 借：营业税金及附加 贷：应交税费——应交营业税 2. 购进应税服务 借：主营业务成本 贷：银行存款 3. 上缴税款 借：应交税费——应交营业税 贷：银行存款	1. 提供应税服务 借：银行存款 贷：主营业务收入 应交税费——应交增值税（销项税额） 2. 购进应税服务 借：主营业务成本 应交税费——应交增值税（进项税额） 贷：银行存款 3. 上缴税款 借：应交税费——应交增值税 贷：银行存款

续表

	“营改增”前	“营改增”后
小规模纳税人	1. 提供应税服务 借：银行存款 　　贷：主营业务收入 借：营业税金及附加 　　贷：应交税费——应交营业税 2. 购进应税服务 借：主营业务成本 　　贷：银行存款 3. 上缴税款 借：应交税费——应交营业税 　　贷：银行存款	1. 提供应税服务 借：银行存款 　　贷：主营业务收入 　　　　应交税费——应交增值税 2. 购进应税服务 借：主营业务成本 　　贷：银行存款 3. 上缴税款 借：应交税费——应交增值税 　　贷：银行存款

通过以上比较可知，“营改增”试点中，为了保证政策衔接，过渡期的会计处理是十分重要的。在进行“营改增”之前，会计核算上差额缴纳的营业税借记“营业税金及附加”科目，贷记“应交税费——应交营业税”科目，企业缴纳的营业税可在企业所得税前扣除；“营改增”之后，试点企业缴纳的增值税全部通过“应缴税费——应缴增值税”科目核算，税款不作为销售收入，不计入企业成本扣除。各企业在适应政策的变化时一定要注重会计处理的细节，正确做账以保证公司的正常经营。

附录二

财政部关于印发《营业税改征增值税试点有关企业会计处理规定》的通知

财会［2012］13号　2012年7月5日

国务院有关部委、有关直属机构，各省、自治区、直辖市、计划单列市财政厅（局），新疆生产建设兵团财务局，财政部驻各省、自治区、直辖市、计划单列市财政监察专员办事处：

为配合营业税改征增值税试点工作，根据《财政部、国家税务总局关于印发〈营业税改征增值税试点方案〉的通知》（财税［2011］110号）等相关规定，我们制定了《营业税改征增值税试点有关企业会计处理规定》，请布置本地区相关企业执行。执行中有何问题，请及时反馈我部。

附件：营业税改征增值税试点有关企业会计处理规定

财政部

2012年7月5日

营业税改征增值税试点有关企业会计处理规定

根据“财政部、国家税务总局关于印发《营业税改征增值税试点方案》的通知”（财税［2011］110号）等相关规定，现就营业税改征增值税试点有关企业会计处理规定如下：

一、试点纳税人差额征税的会计处理

（一）一般纳税人的会计处理

一般纳税人提供应税服务，试点期间按照营业税改征增值税有关规定允许从销售额中扣除其支付给非试点纳税人价款的，应在“应交税费——应交增值税”科目下增设“营改增抵减的销项税额”专栏，用于记录该企业因按规定扣减销售额而减少的销项税额；同时，“主营业务收入”、“主营业务成本”等相关科目应按经营业务的种类进行明细核算。

企业接受应税服务时，按规定允许扣减销售额而减少的销项税额，借记“应交税费——应交增值税（营改增抵减的销项税额）”科目，按实际支付或应付的金额与上述增值税额的差额，借记“主营业务成本”等科目，按实际支付或应付的金额，贷记“银行存款”、“应付账款”等科目。

对于期末一次性进行账务处理的企业，期末，按规定当期允许扣减销售额而减少的销项税额，借记“应交税费——应交增值税（营改增抵减的销项税额）”科目，贷记“主营业务成本”等科目。

（二）小规模纳税人的会计处理

小规模纳税人提供应税服务，试点期间按照营业税改征增值税有关规定允许从销售额中扣除其支付给非试点纳税人价款的，按规定扣减销售额而减少的应交增值税应直接冲减“应交税费——应交增值税”科目。

企业接受应税服务时，按规定允许扣减销售额而减少的应交增值税，借记“应交税费——应交增值税”科目，按实际支付或应付的金额与上述增值税额的差额，借记“主营业务成本”等科目，按实际支付或应付的金额，贷记“银行存款”、“应付账款”等科目。

对于期末一次性进行账务处理的企业，期末，按规定当期允许扣减销售额而减少的应交增值税，借记“应交税费——应交增值税”科目，贷记“主营业务成本”等科目。

二、增值税期末留抵税额的会计处理

试点地区兼有应税服务的原增值税一般纳税人，截止到开始试点当月月初的增值税留抵税额，按照营业税改征增值税有关规定不得从应税服务的销项税额中抵扣的，应在“应交税费”科目下增设“增值税留抵税额”明细科目。

开始试点当月月初，企业应按不得从应税服务的销项税额中抵扣的增值税留抵税额，借记“应交税费——增值税留抵税额”科目，贷记“应交税费——应交增值税（进项税额转出）”科目。待以后期间允许抵扣时，按允许抵扣的金额，借记“应交税费——应交增值税（进项税额）”科目，贷记“应交税费——增值税留抵税额”科目。

“应交税费——增值税留抵税额”科目期末余额应根据其流动性在资产负债表中的“其他流动资产”项目或“其他非流动资产”项目列示。

三、取得过渡性财政扶持资金的会计处理

试点纳税人在新老税制转换期间因实际税负增加而向财税部门申请取得财政扶持资金的，期末有确凿证据表明企业能够符合财政扶持政策规定的相关条件且预计能够收到财政扶持资金时，按应收的金额，借记“其他应收款”等科目，贷记“营业外收入”科目。待实际收到财政扶持资金时，按实际收到的金额，借记“银行存款”等科目，贷记“其他应收款”等科目。

四、增值税税控系统专用设备和技术维护费用抵减增值税额的会计处理

（一）一般纳税人的会计处理

按税法有关规定，增值税一般纳税人初次购买增值税税控系统专用设备支付的费用以及缴纳的技术维护费允许在增值税应纳税额中全额抵减的，应在“应交税费——应交增值税”科目下增设“减免税款”专栏，用于记录该企业按规定抵减的增值税应纳税额。

企业购入增值税税控系统专用设备，按实际支付或应付的金额，借记“固定资产”科目，贷记“银行存款”、“应付账款”等科目。按规定抵减的增值税应纳税额，借记“应交税费——应交增值税（减免税款）”科目，贷记“递延收益”科目。按期计提折旧，借记“管理费用”等科目，贷记“累计折旧”科目；同时，借记“递延收益”科目，贷记“管理费用”等科目。

企业发生技术维护费，按实际支付或应付的金额，借记“管理费用”等科目，贷记“银行存款”等科目。按规定抵减的增值税应纳税额，借记“应交税费——应交增值税（减免税款）”科目，贷记“管理费用”等科目。

（二）小规模纳税人的会计处理

按税法有关规定，小规模纳税人初次购买增值税税控系统专用设备支付的费用以及缴纳的技术维护费允许在增值税应纳税额中全额抵减的，按规定抵减的增值税应纳税额应直接冲减“应交税费——应交增值税”科目。

企业购入增值税税控系统专用设备，按实际支付或应付的金额，借记“固定资产”科目，贷记“银行存款”、“应付账款”等科目。按规定抵减的增值税应纳税额，借记“应交税费——应交增值税”科目，贷记“递延收益”

科目。按期计提折旧，借记"管理费用"等科目，贷记"累计折旧"科目；同时，借记"递延收益"科目，贷记"管理费用"等科目。

企业发生技术维护费，按实际支付或应付的金额，借记"管理费用"等科目，贷记"银行存款"等科目。按规定抵减的增值税应纳税额，借记"应交税费——应交增值税"科目，贷记"管理费用"等科目。

"应交税费——应交增值税"科目期末如为借方余额，应根据其流动性在资产负债表中的"其他流动资产"项目或"其他非流动资产"项目列示；如为贷方余额，应在资产负债表中的"应交税费"项目列示。